니체와 함께 춤을

고석근

니체와
함께 춤을

고석근

도서출판 디자인21

여는 글

세상은 프리드리히 니체를 일컬어 '현대 철학의 아버지'라고 합니다.

그는 신이 죽은 시대의 철학, 인간이 삶의 주인이 되어야 하는 현대 철학의 문을 연 위대한 철인입니다.

그는 신이 있던 자리에 최고의 인간, 아이를 두었습니다. 아이는 '춤추는 인간'입니다.

아이는 아무리 짙은 어둠 속에서도 길을 찾아갑니다. 타고난 직관력이 있기 때문입니다.

아이는 어떤 고난 속에서도 항상 웃음을 잃지 않습니다.

힘이 들면 아이는 쓰러져 잠을 잡니다. 일어나서는 해맑은 얼굴로 다시 자신의 길을 걸어갑니다.

현대를 살아가는 우리들 앞에는 길이 보이지 않는 듯합니다. 하지만 아이의 눈으로 보면 새로운 길이 열릴 것입니다.

니체는 우리에게 춤을 추는 법을 가르쳐 줍니다. 그의 글을 읽다 보면 어느새 우리는 춤을 추게 됩니다.

우리는 마냥 즐거운 아이가 되어갈 것입니다.

2023년 한여름에

고석근

차례

4부 나만의 길을 가라

5부 프라이버시

1부

너 자신을 알라

진리는

어떤 특정한 종류의 생물(즉 인간)이

그것 없이는 살 수 없는 오류이다.

너 자신을 알라

진리는 어떤 특정한 종류의 생물(즉 인간)이 그것 없이는 살 수 없는 오류이다. 생을 위한 가치가 어떤 관념의 진위를 궁극적으로 결정한다.

〈힘에의 의지〉

'우리는 같은 강물에 두 번 들어갈 수 없다'는 말이 있다. 이 말을 다음과 같이 바꿔도 될 것이다.

'우리는 단 한 번도 같은 사람인 적이 없다.' '우리는 한번 만난 사람은 다시는 만날 수 없다.'

그럼 나는 누구인가? '없다'가 답이 될 것이다. 그럼 '나'라는 동일성의 존재가 없으면, 우리는 어떻게 서로 더불어 살아갈 수 있는가?

이 세상의 진리라고 하는 것은 도대체 무엇인가?

여기에 니체는 다음과 같이 답을 한다.

'진리는 어떤 특정한 종류의 생물(즉 인간)이 그것 없이는 살 수 없는 오류이다. 생을 위한 가치가 어떤 관념의 진위를 궁극적으로 결정한다.'

인간은 살기 위해 진리를 만들어냈는데, 그것은 오류라는 것이다. 그래서 우리는 항상 진리를 의심해야 하고 항상 진리를 새롭게 재정립해가야 한다는 것이다.

'객관적인 진리'는 없는 것이다. 왜냐하면 천지자연은 항상 생성, 변화하기에 우리는 정지된 상태를 볼 수가 없는 것이다.

삼라만상은 실체로 보이지만 수많은 만남과 헤어짐으로 구성되어 있다. 그들은 단지 이름일 뿐인 것이다.

나의 몸도 그동안 먹은 것들과 호흡한 것들이 모이고 흩어지는 과정이다. 생각이라는 것들도 여러 다른 사람들의 생각들이 모이고 흩어지는 과정 속에 있다.

따라서 우리는 보편적이고 객관적인 진리라는 망상에서 벗어나, 자신의 '생을 위한 가치가 어떤 관념의 진위를 궁극적으로 결정하게' 해야 한다.

짐승들은 아무거나 먹는 것 같지만, 그들은 철저하게 자신의 몸에 좋은 것만 먹는다.

니체는 진리도 그렇다고 말하고 있는 것이다. 남들이 아무리 좋다고 해도 내게 좋지 않으면 진리가 아니라는 것이다.

니체는 자신의 힘에의 의지를 고양시켜주는 것이 자신에게 선(善)이고 진리라고 말하고 있는 것이다.

프랑스의 현대철학자 미셸 푸코는 "내가 누구인지를 묻지 말고, 내가 계속 같은 사람인지도 묻지 말라"고 했다.

동일성, 객관성 같은 것은 허상이기에, 자신과 다

른 사람에게 적용하면 그 사람을 옭아매고 징치하는 폭력이 되어버리는 것이다.

또 다른 프랑스의 현대철학자 질 들뢰즈는 "접속하라! 창조하라!"고 했다. 우리는 다른 무언가와 접속해서 어떤 존재가 된다.

여자를 만나 결혼하면 남자는 남편이 된다. 그러다 자녀를 두게 되면 아버지가 된다.

인간은 스스로 무언가가 되는 게 아니다. 홀로라는 건 없다. '나 홀로 존재한다'는 생각은 지독한 망상이다.

이 망상에 한번 사로잡히게 되면 '나'라는 허상을 위해 한평생을 허망하게 보내게 된다.

들뢰즈는 자신의 동일성에 빠진 '수목형의 삶'을 벗어나 자신을 끊임없이 새로이 구성해가는 '리좀의 삶'을 살아가라고 말한다.

수목형의 삶은 나무 같은 삶이다. 씨앗이 자신을

전개해가는 삶. 나무는 씨앗에서 시작해 땅으로 뿌리를 내리고 하늘로 줄기와 가지를 뻗어 올리며 살아간다.

정체성이 뚜렷한 삶이다. '나는 누구인가? 어떻게 살아야 하는가?'가 명확히 정해져 있다.

하지만 리좀의 삶은 다르다. 한 곳에 뿌리를 내리고 살다가도 다른 곳에 다시 뿌리를 내리고 살아간다.

대나무, 감자, 고구마 같은 식물들이다. 그들은 정해진 뿌리(근원)가 없다. 노마드(유목민)의 삶이다.

역사적으로 보면, 대다수 사람들은 '정체성의 감옥'에 갇혀 살다 갔다. 뛰어난 사람들만이 그 감옥에서 탈출하여 자유를 누리며 살았다.

지금도 우리 주변에는 수많은 간수들이 있다. 그들은 수시로 우리에게 소리치고 있다.

"남자는 이래야 해! 여자는 이래야 해! 학생은 이

래야 해! 부모는 이래야 해! 자식은 이래야 해! 회사원은 이래야 해!...... ."

니체는 이러한 간수들을 만들어내는 신을 죽이며 현대철학의 문을 열었다. 그는 "진리는 추악하다"고 일갈하며 우리를 진리로부터 해방시키려 했다.

고향

나는 가르친다 - 약하게 하는 모든 것, 우리의 생을 고갈시키는 모든 것에 대한 부정을.

나는 가르친다 - 강하게 하는 것, 힘을 비축하는 것, 힘의 감정을 시인하는 모든 것에 대한 긍정을.

〈힘에의 의지〉

고향을 생각하면 가슴이 저려온다. 야외에 나갔다가 고향의 산천 비슷한 곳만 봐도 가슴이 철렁 내려앉는다.

왜 나의 가슴에는 고향에 대한 이리도 절절한 감정이 있을까? 하지만 막상 고향에 가면, 고향은 없다.

먹먹한 나의 가슴만 있을 뿐이다. 자전거를 타고

고향 구석구석을 누비며 울먹이다 온다.

이상향을 유토피아라고 한다. 유토피아(Utopia)는 어원으로 보면, '없는(u) 땅(topia)'이다.

고향은 힘든 이 세상을 도피하고 싶은 나의 마음이 만들어낸 이상향인 것이다. 인간은 상상력을 가진 동물이라, 마음껏 상상의 나래를 펼칠 수 있는 것이다.

힘들 때 일시적으로 상상의 나래를 펴는 것은 좋으나, 힘들 때마다 상상의 세계로 도망가 버리게 되면 우리의 정신력은 점차 약해진다.

상상의 세계 없이는 살 수 없게 된다. 땅에 발을 딛지 않고 살아가는 삶은 허망하다. '우리의 생을 고갈시키는' 삶이다.

우리가 고향을 생각할 때 좋은 기분에 휩싸이게 되는 것은, 고향이 정말 좋아서가 아니라 몰입해서 그렇다.

고향을 생각하게 되면, 우리의 정신은 부모님의 품 안에서 자라던 마냥 즐거운 어린 아이가 된다.

우리는 아무리 힘들어도 어른으로 살아야 한다. 인류의 스승으로 불리는 소크라테스는 사형 선고를 받고도 다음과 같이 의연하게 변론을 한다.

"죽음이라는 것이 이 세상에서 저승으로 가는 여행길과 같은 것이라면, 이보다 더 좋은 일이 어디 있겠습니까? 오르페우스와 무사이오스와 헤시오도스와 호머와 함께 모일 수 있다면, 여러분 가운데는 아무리 많은 돈을 지불할지라도 서슴지 않고 나서려는 분이 많으리라고 봅니다. 만일 그것이 사실이라면, 나는 몇 번을 죽어도 좋다고 생각합니다. 나에게는 그곳에서 지내는 것이 그야말로 좋은 것일 테니까요."

소크라테스는 한평생 '내면의 소리'를 들으며 살았다고 한다. 인간에게는 진선미(眞善美)를 아는 타고나는 본성이 있다.

소크라테스는 항상 이 본성의 명령에 따르는 삶을 살았던 것이다. 보통 사람들은 이 진선미를 아는 본성의 빛을 다른 사람에게 향한다.

그래서 누구나 다른 사람은 정확하게 본다. 하지만 자신에게는 본성의 빛을 거의 비추지 않기에 자신은 잘 모른다.

소크라테스 같은 성인들은 항상 이 본성의 빛을 자신에게 비추기에 자신을 명확히 알고, 자신(소우주)을 훤히 알기에 남도 알고 이 세상도 알게 되는 것이다.

그래서 소크라테스는 인간의 진짜 고향을 잘 알고 있다. 인간은 죽으면 육체에 갇혀 있던 의식이 해방되어 완전한 '순수 의식'이 된다.

순수 의식은 동양에서 말하는 기(氣), 양자물리학에서 말하는 에너지장으로 보면 될 것이다.

이 순수 의식은 시간을 초월하여 존재하기에 과

거, 현재, 미래가 하나로 통합되어 있는 실제의 세계와 만난다.

이 세계에서는 과거의 모든 존재들을 다 만날 수 있을 것이다. 그 세계에서는 찰나가 영원이니까.

그래서 소크라테스는 과거의 뛰어난 시인들, 오르페우스와 무사이오스와 헤시오도스와 호머와 함께 모일 수 있다고 생각하는 것이다.

이러한 생각은 20세기 천재과학자 알베르트 아인슈타인의 상대성 원리에 비춰보면 지극히 과학적인 생각이다.

상대성 원리에 의하면 시간은 각자 있는 곳에 따라 다르게 흐르기에, 우리는 서로의 과거, 현재, 미래를 동시에 만날 수 있을 것이다.

인간은 육체를 가진 물질적 존재이지만, 동시에 물질은 허상이고 실제로 기(氣, 에너지장)의 존재다.

그래서 소크라테스 같이 높은 의식을 지닌 사람들

은 죽음 앞에서 의연하다. 죽음은 허상이라는 것을 잘 알고 있기 때문이다.

물질인 육체에 집착하는 의식으로 보면, 태어난 곳이 고향이지만 물질을 넘어서는 의식으로 보면, 실질적인 고향은 무한한 에너지장이다.

고매한 정신의 천상병 시인에게도 죽음은 고향으로 돌아가는 일(귀천)이었다.

'나 하늘로 돌아가리라.
아름다운 이 세상 소풍 끝내는 날,
가서, 아름다웠더라고 말하리라.'

그는 지상에 소풍 온 아이였다. 가슴 속에서 '아이'를 잃어버린 어른들은 허망한 삶을 견딜 수 없어, 온갖 환상을 만들어낸다.

하지만 시인은 그럴 필요가 없다. 삶은 늘 살아있음의 환희이니까. 막걸리 한 잔에 천국, 극락이 있으니까.

고인 물은 썩는다

허물을 벗지 못하는 뱀은 파멸한다. 의견을 바꾸는 것을 훼방 놓는 정신들도 마찬가지다. 그것들은 더 이상 정신이 아니다.

〈아침놀〉

ㅅ시의 ㅇ문화단체에서 활동하는 한 회원을 만났다. 그 회원은 말했다. “다들 지쳐가고 있어요. 회장과 임원을 맡을 회원이 없어요.”

나도 한때 그 단체의 임원을 맡았다가 지쳐서 나오게 되었다. 그 단체는 오래 되었다.

처음에는 회원들의 헌신에 힘입어 자리를 잡게 되었다. 회원이 100명을 넘어섰다. 그때 나는 임원직을 제의 받았었다.

나는 너무나 기뻤다. 저렇게 멋있는 문화단체의 임원이라니! 하지만 나는 그들이 철옹성을 쌓고 있다는 것을 차츰 느껴가게 되었다.

'공신(功臣)들'의 강고한 카르텔. 그들은 자신들의 잘못을 몰랐다. '이 단체를 이만큼 키운 게 누군데?'

그들의 가슴에 자리 잡고 있는 공통의 생각 같았다. 그들의 희생이 없었다면 그 단체는 그렇게 성장하지 못했을 것이다.

하지만 회원이 100명을 넘어서게 되면 상황은 달라진다. 이제 회원들의 개인적인 희생이 아닌, 조직적이고 민주적인 운영 원칙을 세워가야 한다.

불세출의 영웅 항우를 물리치고 천하통일을 이룬 한 고조 유방, 그는 시골의 말단 관료였다.

그는 수많은 장군, 책사들의 도움으로 한나라를 건국했다. 하지만, 나라는 안정을 찾지 못했다.

개국공신들의 득세가 너무나 강했기 때문이었다.

뛰어난 책사 장량은 황제의 권위와 국가의 질서를 세우기 위한 온갖 전략을 수립하고 실행하게 된다.

그 와중에 수많은 공신들이 희생된다. 현대 철학의 문을 연 니체는 말했다. "허물을 벗지 못하는 뱀은 파멸한다."

한 개인도 마찬가지도 새로운 생각을 받아들여 계속 변신해야 한다. 같은 생각에 머물고 있으면 그는 도태하게 된다.

고인 물은 썩을 수밖에 없는 것이다. 천변만화, 이게 천지자연의 이치다. 삼국지의 유비, 관우, 장비는 도원결의를 맺으며 도탄에 빠진 세상을 구하겠다는 원대한 꿈을 꾸게 된다.

그 꿈의 실현을 위해 제갈공명을 책사로 모시기 위해 삼고초려를 한다. 장비는 불만이다.

하지만 뛰어난 지도자 유비는 장비를 달래고 제갈공명을 책사로 모시게 된다. 뛰어난 새로운 한 사람이 들어왔기에, 천하를 삼분하게 된다.

강북의 조조와 강남의 손권과 천하를 다투게 된다. 하지만 관우가 손권의 손에 죽음을 당하게 되며 상황은 급변한다.

제갈공명과 신하들이 그렇게 말려도 유비는 손권을 치게 된다. 손권에게 대패하며 국운은 차츰 기울고 끝내는 망국에 이르게 된다.

끈끈한 형제애가 그들의 발목을 잡은 것이다. 작은 국가일 때는 끈끈한 형제애가 도움이 되지만, 커다란 국가의 운영에는 방해가 되었던 것이다.

수많은 국가, 회사, 단체들이 이런 우를 계속 반복하는 것 같다. 허물을 벗지 못하는 개인, 조직은 죽게 되는 것이다.

ㅇ문화단체에는 멋있는 사람들이 많다. 참으로 안타깝다. 회생의 방법은 간단한데, 굳어진 조직에서는 그 방법을 쓸 수가 없다.

초인(超人)

그대들에게 초인을 가르치려 하노라. 인간은 극복되어야 할 그 무엇이다. 그대들은 자신을 극복하기 위해 무엇을 했는가? 지금까지 모든 존재는 자신을 넘어서 그 무엇인가를 창조해 왔다. 인간의 위대함은 그가 다리일 뿐 목적이 아니라는 데 있다. 인간이 사랑스러울 수 있는 것은 그가 건너가는 존재이며 몰락하는 존재라는데 있다. 나는 사랑한다. 몰락하는 자로서 살 뿐 그 밖의 삶은 모르는 자를. 왜냐하면 그는 건너가는 자이기 때문이다.

〈차라투스트라는 이렇게 말했다〉

니체는 신의 죽음을 선언하면서 현대철학의 문을 열었다. 이제 우리는 신이 없는 시대를 살아가야 한다.

신은 천지자연의 근원이고 천지자연의 운행 법칙

이다. 신이 만든 세상에서는 정답이 있다.

'나는 누구인가? 어떻게 살아야 하는가?'에 대한 답을 신이 준다. 인간의 삶은 그 모델을 향한 여정이 된다.

언뜻 생각하면 이런 세상은 좋을 것 같다. 답이 있으니 답에 맞지 않는 것들은 고쳐나가면 되지 않겠는가?

과연 그럴까? 스코틀랜드의 작가 로버트 루이스 스티븐슨의 소설 '지킬 박사와 하이드'를 생각해 보자.

지킬 박사는 모범적인 인간이다. 그는 다음과 같이 말한다.

"나는 선과 악을 분리해낼 수 있다는 달콤한 환상에 빠지게 되었다. 만약 이 두 요소를 각기 다른 자아로 분리해낼 수 있다면 인생에서 견디기 힘든 모든 고뇌로부터 해방될 수 있을 거라 믿었다."

지킬 박사가 자신의 마음에서 분리하고 싶은 악이 하이드다. 하이드(hide), 숨어 있다는 뜻이다. 숨기고 싶은 나다.

신이 만든 세상에서는 누구나 지킬 박사가 되고 싶어 한다. 하지만 빛이 생기게 되면 그림자가 생겨난다.

빛이 강할수록 그림자도 짙어진다. 결국 지킬 박사는 하이드에 의해 파멸에 이르게 된다.

얼마나 많은 잔혹한 범죄들이 빛의 이름으로 행해졌을까? 니체는 신이 죽음으로써 인간이 구원될 수 있다고 믿었다.

신이 죽으면 이 세상에는 빛과 어둠이 함께 사라지게 된다. 어슴푸레한 세상, 인간의 마음도 어슴푸레하게 된다.

이제 인간은 스스로 길을 찾아가야 한다. 자신의 길을 온 몸으로 찾아가는 인간을 니체는 초인(위버멘쉬)이라고 했다.

초인은 이상적 인간상이 아니다. 초인은 길 위에 있는 인간이다. 니체는 초인은 '자신을 넘어서 그 무엇인가를 창조하는 인간'이라고 말한다.

모든 생명체가 그렇게 살아가지 않는가? 나뭇잎 하나도 끝없이 자신을 창조한다. '더 나은 자신'을 향하여.

그에게 목적은 없다. 오로지 치열한 자기초극이 있을 뿐이다. 가을에 땅으로 툭 떨어지는 낙엽, 그렇게 그는 생로병사의 일생을 마친다.

인도에서는 이 세상의 실상을 인드라망이라고 말한다. 무한히 생성 변화하는 우주의 춤, 초인은 우주의 춤 한 자락이다.

이러한 초인의 일생을 머리로만 생각하면 참으로 허망하다. '아니 그렇게 살다 가면 무슨 의미가 있어?'

하지만 우리가 아이가 되어 보면, 초인의 눈부신 삶을 깨닫게 될 것이다. 나무 아래에 서면 나뭇잎 하나가 되는 아이, 비가 내리면 비를 맞으며 빗방울 하나가 되는 아이…… .

그래서 니체는 최고의 인간, 초인을 아이라고 했다. 그는 아이를 '창조의 유희'라고 했다.

산은 산이요 물은 물이요

어린 아이는 순수이며 망각이다. 새로운 시작이며 유희이다. 스스로 굴러가는 바퀴이며 최초의 운동이자 하나의 신성한 긍정이다.

〈차라투스트라는 이렇게 말했다〉

성철 선사의 유명한 법어, '산은 산이요 물은 물이요' 이 말을 처음 들었을 때는 그냥 묘한 웃음만 지었다.

아무도 그 뜻을 말해주지 않았다. 물어보려고도 하지 않았다. 이제 그 뜻을 어렴풋이 알 것 같다.

이 법어를 처음 말한 사람은 중국 송나라의 청원 유신 선사라고 한다. 그는 다음과 같이 법을 설했다고 한다.

“이 산승이 참선을 하기 전에는 산을 보면 곧 산이었고, 물을 보면 곧 물이었다. 그 뒤 스승을 만나 참선법을 깨치고 나니 산은 산이 아니고 물은 물이 아니었다. 그러다가 더욱 정진하여 안목이 열리고 난 지금은 그 전처럼 산은 산이고 물은 물이었다. 이 세 가지 견해가 서로 같은 것인가? 서로 다른 것인가?”

누구나 산과 물을 보면 ‘산은 산이고, 물은 물’일 것이다. 산이 산이라는 언어로 보이고, 물은 물이라는 언어로 보이기 때문이다.

산과 물이라는 언어를 모르는 사람의 눈에는 산과 물이 경계가 흐릿한 알 수 없는 무언가로 보일 것이다.

우리는 세상을 언어로 본다. 우리는 눈에 보이는 것을 뇌에 새겨진 언어로 해석하는 것이다.

우리는 이런 사람을 중생(衆生)이라고 한다. 보이

는 것을 실재라고 믿는 언어의 감옥에 갇혀 있는 사람이다.

이런 사람들은 자신의 생각으로 살아가는 게 아니다. 남이 만든 언어로 생각하며 살아간다.

꼭두각시의 삶이다. 그러다 청원유신 선사처럼 참선을 하며 언어를 넘어서 세상을 보는 훈련을 하게 되면, 언어의 안개가 걷혀지기 시작한다.

세상의 실상이 말갛게 드러나기 시작한다. 뇌가 아니라 눈이 보이는 그대로 보게 된다.

산은 산이 아니고 물은 물이 아니게 된다. 양자물리학의 관점에서 산과 물을 보면, 텅 비어 있다.

우리가 눈으로 보자, 우리의 언어로 만들어진 '인식의 틀'이 텅 빈 세계를 물질로 인식하게 되는 것이다.

이 세상에 존재하는 듯한 물질은 실은 에너지장이다. 파동이 낮은 것이 물질로 인식되는 것이다.

참선하며 마음을 맑디맑게 하면, 물질인 색(色)의 세계가 텅 빈 공(空)의 세계로 보이는 것이다.

색즉시공(色卽是空)이다. 하지만 우리는 이 텅 빈 세계에서 살아갈 수는 없다. 동시에 공즉시색(空卽是色)이 되어야 한다.

에너지장의 세계에서 물질인 몸을 가진 인간으로 살아가야 한다. 공이면서 색인 경지에서 보면, 다시 산은 산으로, 물은 물로 보이게 된다.

이때의 산과 물은 에너지장이면서 동시에 물질인 산과 물이다. 우리는 이 두 세계를 넘나들며 살아가야 한다.

에너지장의 세계, 영원의 세계에 살아가면서 동시에 물질의 세계, 생로병사를 겪는 인간으로 살아가야 한다.

예수가 말한 "살아 있는 동안 영생하는 존재"가 되는 것이다. 오랫동안 신화가 이러한 신인합일(神人

合一)의 삶을 가능하게 했다.

이제 신이 죽은 시대라, 우리는 마음공부를 하며 이 경지에 도달해야 한다. 니체가 말하는 초인(超人, 위버멘쉬)이 되어야 한다.

초인은 아이다. 니체는 말한다. "어린 아이는 순수이며 망각이다. 새로운 시작이며 유희이다. 스스로 굴러가는 바퀴이며 최초의 운동이자 하나의 신성한 긍정이다."

장자는 꿈에 나비가 되어 하늘을 날아다니다가 깨어났다. 그는 중얼거렸다고 한다. '혹시 내가 지금 나비의 꿈속에 있는 건 아닐까?'

니체는 꿈속이 현실보다 더 진실하다고 했다. 왜냐하면 우리가 현실이라고 부르는 이 세상은 언어의 안개에 가려진 세상이기 때문이다.

우리는 물질인 육체에 집착한다. 육체가 남자나 여자면, 자신의 실체가 남자나 여자라고 착각한다.

눈에 보이는 산과 물을 실체로 보는 것이다. 마음을 고요히 하여 자신을 쉼 없이 바라보아야 한다.

자신의 진짜 마음이 보이기 시작할 것이다. 나비가 되어 하늘을 날아다니는 마음이 보이게 될 것이다.

이 나비가 에너지장이다. 이 나비가 진짜 자신이다. 우리는 진짜 자신으로 살아가면서, 물질인 인간으로 살아가야 한다.

우리는 잠시 인간으로 지상에 온 것이다. 삶은 연극이다. 남녀역할, 부모역할, 자식역할, 직장인 역할… 모두 배역의 활동이다.

자신이 연극하고 있다는 것을 알고 살아가야 한다. 그러면 지상에 있는 동안 배역에 충실하다가 역할이 끝나면 나비가 되어 자신이 왔던 하늘로 날아갈 수 있을 것이다.

우리는 우리 내면의 아이를 깨워야 한다. 아이는 나비이면서 인간으로 살아갈 수 있는 최고의 인간이다.

죽음에 대하여

감각과 정신은 도구이자 장난감이다. 그것들 뒤에는 여전히 자기(das Selbst)가 있다. 이러한 자기는 감각의 눈으로도 찾고 정신의 귀로도 듣는다. 자기는 항상 들으며 찾는다. 그것은 비교하고, 강요하고, 정복하고, 파괴한다. 그것은 지배하며, 또한 자아의 지배자이다. 나의 형제여, 그대의 사고와 감정의 배후에는 강력한 명령자, 알려지지 않은 현자가 있다. 그것이 자기다. 그것은 그대의 몸속에 살아 있고, 그것은 그대의 몸이다.

〈차라투스트라는 이렇게 말했다〉

나이가 들어가니 죽음에 대해 많은 생각을 하게 된다. 나의 두 아들의 생로병사도 함께 생각하게 된다.

두 아이가 태어났을 때의 광경이 눈에 선하다. 그야말로 천사처럼 온 아이들. 하지만 이 아이들도 나이가 들어가고 언젠가는 죽게 될 것이다.

오! 화들짝 놀라게 된다. 이런 생각을 일찍 했더라면 아이들을 낳는 것을 심각하게 고민했을 것이다.

태어나기에 죽어야 하는 인간, 얼마나 무서운 일인가! 독일의 시인 헤르만 헤세는 '봄의 언어'라는 시에서 다음과 같이 노래했다.

'봄이 무슨 말을 하는지 백발노인들은 다 안다.
노인이여, 땅에 묻히거라,
씩씩한 소년에게 네 자리를 물려주어라.
몸을 내맡겨라! 죽음을 두려워하지 말라!'

나는 2월이 좋다. 봄이 오는 길목에서 서성이는 시간들이 좋다. 산길을 걸어가면 희미한 온기들이 느껴진다.

노자는 말했다. "도(道)는 스스로(自) 그러한(然) 자연(自然)을 본받는다. 도법자연 道法自然."

우리가 가야 할 길(道)은 자연을 본받으면 찾을

수 있다는 것이다. 헤세가 백발노인들이 '봄이 무슨 말을 하는지'를 들으면 죽음을 두려워하지 않게 된다고 노래한 것과 같다.

자신들이 죽어 '씩씩한 소년들'에게 자리를 물려준다는 것을 알게 될 때, 백발노인들이 죽음을 두려워하겠는가?

나 한 사람, 우리 아들들만 생각하면 죽음은 끔찍한 일이다. 하지만 나와 우리 아이들, 손주들, 연이어 태어날 후손들을 생각하면 죽음이 두렵지 않은 일이 된다.

거대한 천지자연의 순환, 그래서 장자는 아내의 죽음 앞에서 노래를 불렀던 것이다.

그는 자신의 아내가 죽어 혜시가 문상을 왔을 때, 물동이를 두드리며 노래를 부르고 있었다.

혜시가 그 연유를 묻자, 그는 다음과 같이 대답했다.

"나의 아내는 본래 삶도 형체도 없었고 그림자조

차 없었지 않은가. 이제 그녀도 죽었으니, 이는 춘하추동의 변화와 같은 것이네. 그녀는 아마 거실 안에서 단잠을 자고 있을 걸세. 내가 처음에는 소리 내어 울었는데, 울다가 가만히 생각하니 가소롭기 짝이 없게 느껴졌다네."

장자는 자신 안에 니체가 말하는 '자기(das Selbst)'가 있다는 것을 명확히 알았던 것이다.

자기는 우리가 나라고 생각하는 '자아(自我)'와 다르다. 자아는 우리가 아는 의식의 중심이고, 자기는 무의식까지 포함한 전체 나의 중심이다.

자기는 진정한 나다. 천지자연과 하나이다. 니체는 '(자아의)감각과 정신은 도구이자 장난감'이라고 말한다.

자아는 우리가 이 세상이라는 무대에서 맡게 된 배역이다. 부모, 자녀, 공무원, 회사원, 과장... 같은 어떤 역할의 수행자다.

자기는 우리 몸속에 살아있으면서 동시에 우리의 몸

자체이다. 우리는 마음과 몸을 구분하지 말아야 한다.

명상을 해보면 안다. 마음을 다 내려놓고 고요히 자신을 바라보면, 자신은 텅 비게 되고, 텅 빈 나는 우주의 파동과 하나가 되어간다.

이 '텅 빈 나'가 바로 자기다. 자기가 우리 안에 실체로 존재한다고 생각하지 말아야 한다.

자기라는 것은 이름에 불과한 것이다. 그것은 느껴서 깨달아야 한다. 말로만 공부하게 되면 자기가 실제로 존재한다는 망상에 빠지게 된다.

한번 망상에 빠지게 되면 자기(영혼)의 윤회, 사후의 구원... 같은 더 큰 망상이 뒤따라오게 된다. 우리는 항상 마음을 고요히 하여 자신도 자연(自然)의 일부가 되게 해야 한다.

스스로 그러하게 살아가게 되면 차츰 자연과 하나가 되어 갈 것이다. 천지자연의 운행 그 자체가 되어 갈 것이다.

2부

허무주의

니힐리즘이란 무엇인가?

그것은 최고의 가치들이

자신의 가치를 상실한다는 것이다.

허무주의

니힐리즘이 문 앞에 서 있다. 모든 방문객들 중에서 가장 섬뜩한 자인 이것은 어디에서 비롯되었는가?

〈힘에의 의지〉

우리는 살아가면서 허무주의에 빠지기 쉽다. '사는 게 다 그렇지 뭐. 이렇게 살다가 죽는 거잖아.'

우리의 육체는 태어나서 늙고 병들고 죽게 된다. 이 얼마나 두렵고 허무한 일인가?

니체는 이 시대의 하늘에는 허무주의(니힐리즘)의 검은 먹구름이 드리워져 있다고 본다.

그는 말한다. "이 시대에는 최고의 가치들이 사라져 더 이상 삶의 궁극적인 목표가 존재하지 않는다."

신이 죽은 시대에는 '육체'만 달랑 남는다. 신이 있던 자리에 육체가 자리를 잡고 있다.

'몸짱'이라는 말이 이 시대를 대변해 준다. 우리는 몸을 가꾸고 치장하는 데 온 신경을 쓰고 있다.

그런데 이 육체는 곧 사라지지 않는가? 여기에 허무주의의 근원이 있다. 하지만 과연 인간은 육체로만 이루어져 있는가?

우리의 이 육체는 분명히 실재하는 물질로 보이지만, 자세히 관찰해 보면 육체는 우리가 먹은 음식들로 이루어져 있고 계속 새로운 음식들로 재구성된다.

몇 달 전의 나의 육체는 허공으로 사라지고 없다. 단지 육체에 대한 나의 기억이 있을 뿐이다.

이 기억에 의해 우리는 '나'라는 정체성을 갖고 있을 뿐이다. 우리는 이미 무수히 죽고 무수히 다시 태어나고 있는 것이다.

삶과 죽음의 통일체, 이것이 나라는 존재의 실상

이다. 그런데 이렇게 생각하고 나면 허무해진다.

육체라는 물질에 오랫동안 집착한 결과다. 우리는 물질(육체)에 대한 집착을 끊어야 한다.

그런데 우리는 죽을 때 누구나 육체에 대한 집착을 끊게 된다. 며칠 전에 지구 반대편에서는 큰 지진이 일어났다고 한다.

사람들은 무릎을 꿇고 기도했다고 한다. 이 기도할 때 사람들은 어떤 마음이 되었을까?

육체에 대한 집착을 넘어서게 된다. 육체에 대한 집착이 사라진 상태, 황홀경에 들어가게 된다.

이 상태는 명상을 해보면 금방 알 수 있다. 이 상태를 불교에서는 공(空)이라고 한다.

우리의 육체인 색(色)은 곧 공이다. 색즉시공(色卽是空) 공즉시색(空卽是色). 현대양자물리학에서도 같은 말을 한다.

우리의 육체는 곧 에너지장이라는 것이다. 우리가 마음을 고요히 하여 육체에 대한 집착이 사라지게 되면, 우리 자신이 에너지장이라는 것을 확연히 깨달을 수 있다.

이때 우리는 요가에서 말하는 깊은 마음의 경지, 지혜층을 넘어 희열층으로 들어가고 진짜 나, 자기(참나)를 만나게 된다고 한다.

누구나 죽을 때는 지혜층, 희열층으로 들어가고 참나를 만나게 된다고 한다. 티벳의 '사자의 서'는 죽어가는 사람을 위한 책이다.

사람이 죽을 때 티벳의 승려가 곁에서 사자의 서를 낭송해준다고 한다. "죽음을 두려워하지 말라"고.

망자가 육체에 대한 집착을 내려놓게 되면, 환한 빛을 맞이할 수 있게 된다고 한다.

이때 망자가 만나는 것이 공의 세계일 것이다. 이 '텅 빈 충만'이 우리의 실체라는 것을 살아있는 동안 확연히 알게 된다면, 우리는 아주 멋진 삶을 살아갈 수 있을 것이다.

20세기 최고의 과학자 알베르트 아인슈타인은 말했다. "물질은 감각의 지각에 불과하다." 우리의 육체는 실체가 아니라는 것이다.

현대양자물리학에서도 "물질은 파동이 낮은 에너지가 감각으로 지각된 것"이라고 말한다.

공자는 죽음에 대해 질문하는 제자에게 "삶도 모르는데 어찌 죽음을 말하느냐?"고 되물었다.

그렇다. 우리는 충분히 살아야 한다. 육체로만 살지 말고 에너지로도 살아야 한다. 현대인들이 마약을 하는 것은 바로 육체를 넘어서는 삶에 대한 소망일 것이다.

마약을 하지 않아도 우리는 공부를 통해 그런 경지에 오를 수 있다. 니체는 허무주의를 온몸으로 껴안으면 허무주의가 극복될 수 있다고 말한다.

니체는 마냥 즐거운 아이를 상상했을 것이다. 삶과 죽음에 대해 생각조차 하지 않는 아이. 항상 현재에 빛나는 아이.

삶의 의미

> 니힐리즘이란 무엇인가? 그것은 최고의 가치들이 자신의 가치를 상실한다는 것이다. 목표는 (더 이상) 존재하지 않는다. '왜'라는 물음에 대한 답이 존재하지 않는다.
>
> **〈도덕의 계보〉**

한때 '삶은 계란'이라는 우스개가 유행했다. '삶은 무엇인가?' 진지하게 묻는 사람에게 사람들은 대답했다. "삶은 계란"

언뜻 들으면 허무개그 같지만, 곰곰이 생각해 보면 삶에 대한 깊은 통찰이 담긴 선문답이라는 생각이 든다.

인류는 오랫동안 삶에 대해 진지했다. 과거의 종

교와 철학들을 보면, 까마득하게 높은 고층 빌딩 같다.

올려다보면 눈이 부시다. 구름과 닿을 듯 높디높은 곳에 신이 살고 계셨다. 그러다 근대에 과학혁명이 일어나면서 이 빌딩들이 사상누각임이 밝혀졌다.

신의 성전이 신기루처럼 사라졌다. 사람들은 누추한 자신들의 세상을 보고는 경악했다.

'사는 게 도무지 의미가 없어!' 다시 사람들은 신을 그리워했다. 하지만 죽은 신이 되살아나지는 못했다.

온갖 사이비 종교들은 신이 부활했다고 소리쳤다. 하지만 대다수 사람들은 그것이 복음(福音)이 아니라 '화음(禍音)'이라는 것을 잘 알고 있다.

사람들은 선사처럼 말했다. "삶은 계란" 얼마나 오랫동안 우리는 '삶의 의미'에 시달려왔던가!

사는 게 고달프면 중얼거렸다. "전생에 무슨 죄를

지어 이 벌을 받나?" 자신의 고달픔을 간단하게 해결했다.

정신승리법이다. 자신의 삶을 주체적으로 꾸려가지 못하는 사람은 반드시 '희생양'을 필요로 하는 것이다.

이 희생양을 종교, 철학이 제공해주었다. 그러다 근대에 들어서며 사람들은 과학의 눈으로 세상을 바라보게 되었다.

사람들은 신이 어느 곳에도 없다는 것을 알게 되었다. 신이 없는 세상에서는 삶의 의미도 한순간에 사라져버렸다.

니체는 현대 정신의 특징을 허무주의(니힐리즘)라고 말한다.

"그것은 최고의 가치들이 자신의 가치를 상실한다는 것이다. 목표는 (더 이상) 존재하지 않는다. '왜'라는 물음에 대한 답이 존재하지 않는다."

사람들은 '삶은 계란'이라는 말로 니체의 철학에 화답했다. 그럼 인간은 앞으로 어떻게 살아가야 하는가?

신화학자 조셉 캠벨은 '신화의 힘'에서 다음과 같이 말했다.

"사람들은 우리가 궁극적으로 찾고 있는 것이 삶의 의미라고 말한다. 그러나 나는 우리가 진실로 찾고 있는 것은 살아 있음에 대한 경험이라고 생각한다. 살아 있음의 환희를 느끼는 것, 우리가 우리 안에서 찾아야 할 것이 바로 그것이다."

불교에서는 인생을 '독화살을 맞은 병사'로 비유한다. 전쟁터에서 독화살을 맞은 병사가 죽어가면서 "이 화살은 누가 만들었는가? 왜 만들었는가?"하고 말했다.

이 병사가 안타까워 다른 병사가 독화살에 대해 알아보고 왔더니 그 병사는 이미 숨져 있었다.

석가는 우리의 삶이 이와 같다고 말한다. 죽어야 할 운명인 인간이 삶의 의미를 묻는 것 자체가 어리석다는 것이다.

지금 이 순간을 만끽하고 있는 아이들은 삶의 의미를 묻지 않는다. 이 순간의 삶을 제대로 누리지 못하는 어른들만이 이런 질문을 한다.

"왜 사는 거야?" 아이들은 이런 질문을 하는 어른이 있으면 이상하게 쳐다볼 것이다.

"뭐야?" 풋 웃으며 놀이에 몰두할 것이다. 아이처럼 살아가는 게 최고의 삶이 아니겠는가?

삶의 의미를 묻는 어른들이 '히틀러'를 만들어낸다. '위대한 게르만족'이라는 사상누각을 만들어 수백만 명의 유태인을 학살한다.

'가미가제 특공대'를 만들어 수많은 젊은이들을 죽음으로 내몰게 된다. '구원받은 자'가 되어 사이비 종교에 한평생을 바치게 된다.

김상용 시인은 그의 시 '남으로 창을 내겠소'에서 '왜 사냐건/웃지요.'하고 노래한다.

'구름이 꼬인다 갈 리 있소./새 노래는 공으로 들으랴오./강냉이가 익걸랑/함께 와 자셔도 좋소.'

인생은 삶의 의미를 찾아가는 고행이 아니다. 지금 이 순간, 눈부시게 피어나는 꽃이다.

인간은 수만 년 전 상상력이 생겨나면서 동물과 결별했다. 우리는 이 상상력을 사상누각을 만드는 데 쓰지 말아야 한다.

윌리엄 브레이크 시인처럼 '한 알의 모래에서 우주를 보고/들판에 핀 한 송이 꽃에서 천국을 볼 수 있어야' 한다.

이 상상력이 고갈될 때 사람들은 삶의 의미를 찾는다. 사막에서 신기루를 보게 되는 것이다.

믿음

객관성이란 이해관계를 떠난 사유가 아니다. 모든 것은 단지 하나의 관점에 입각한 '앎'일 따름이다. 하나의 대상을 보기 위해서 보다 많은 다양한 눈을 사용할수록 그 대상에 대한 우리의 개념과 객관성은 보다 완벽해질 것이다.

〈도덕의 계보〉

20세기의 위대한 언어철학자 루트비히 비트겐슈타인은 말했다. "근거 있는 믿음의 근거에는 근거 없는 믿음이 놓여 있다."

한때 태양이 지구 주위를 돈다고 생각했다. 천상에는 신들이 산다고 생각했다. 이 생각들은 그 당시에는 '근거 있는 믿음'이었다.

하지만 비트겐슈타인은 그 이전에 '근거 없는 믿음'이 먼저 있었다고 말한다. 그는 어떤 인식도 '진리라는 믿음'에서 출발한다는 것이다.

장자는 말했다. "매미는 봄과 가을(春秋)을 알지 못한다." 여름 한철 살다가는 매미는 봄과 가을을 상상조차 할 수 없을 것이다.

그런데 인간의 뇌에는 수만 년 전에 인지혁명이 일어났다. 경험하지 못한 것, 보이지 않는 것을 보는 능력, 상상력이 생겨난 것이다.

이 상상력으로 인간은 신을 말하고, 사랑을 말하면서 찬란한 문명을 이루게 되었다.

말을 하게 되면 상상력의 산물들이 실체가 된다. 철학자 마르틴 하이데거가 말하듯이 '언어는 존재의 집'인 것이다.

그래서 인간은 자신이 경험하지 못한 것들, 보이지 않는 것들도 확신을 갖고 말을 하게 된다. 객관적인 사실인 듯이.

이 망상을 깨기 위해서는 우리는 풍부하게 상상력을 발휘해야 한다. 세상을 여러 관점에서 볼 수 있어야 한다.

'하나의 대상을 보기 위해서 보다 많은 다양한 눈을 사용할수록 그 대상에 대한 우리의 개념과 객관성은 보다 완벽해질 것이다.'

코끼리의 몸을 만져 본 소경들은 각자의 경험으로 코끼리의 몸을 상상한다. 코를 만져 본 사람은 코끼리를 뱀 같다고 상상할 것이다.

다리를 만져 본 사람은 코끼리가 큰 기둥 같다고 상상할 것이다. 하지만 어느 누구의 경험이 진리는 아니다.

코끼리를 만져 본 많은 소경들의 이야기를 다 들어보고서야, 우리는 코끼리의 실제 모습을 어느 정도 상상할 수 있을 것이다.

하지만 그렇게 해서 상상한 코끼리도 실제의 코끼리 모습이 되기는 힘들 것이다. 소경이 아닌 사람의 눈으로 코끼리를 봐야 할 것이다.

하지만 눈으로 본 코끼리는 진짜 코끼리일까? 우리는 자신의 눈도 믿어서는 안 된다. 코끼리를 처음 보게 되면, 우리는 자신이 과거에 보았던 동물의 기억으로 코끼리를 보게 된다.

과거에 소를 보고 살았던 사람은 코끼리가 큰 소로 보일 것이다. 아프리카의 부시맨은 하늘을 날아가는 비행기를 보고 큰 새라고 생각했다고 한다.

그래서 우리는 눈으로 본 것을 믿지 말고 관찰을 해야 한다. 항상 세상만물을 처음 본 듯이 봐야 한다.

처음 본 듯이 보려면 오래 바라보아야 한다. 오래 바라보게 되면, 생각이 사라져 뇌가 아니라 눈으로 보게 된다.

김달진 시인은 어느 날 산길을 걸어가고 있었나 보다. 샘물을 발견하고서 들여다보게 된다.

'물속에 하늘이 있고 흰 구름이 떠가고 바람이 지나가고/조그마한 샘물은 바다같이 넓어진다'

그는 기적을 보게 된다. '조그마한 샘물은 바다같이 넓어진다' 무심히 바라보았기 때문일 것이다.

생각을 내려놓고 바라보게 되면, 삼라만상이 그대로 보인다. 조그맣게 보이던 샘물이 바다같이 넓어지게 된다.

'크다- 작다'라는 이분법이 깨지게 된다. 그는 잠시 후에 '조그마한 샘물을 들여다보며/동그란 지구의 섬' 우에 앉아 있게 된다.

시인은 우화등선(羽化登仙)한 것이다. 신선이 된 것이다. 우리는 '생각' 하나로 한순간에 새로운 존재로 재탄생할 수 있는 것이다.

이러한 생각은 믿음에서 출발하지 말아야 한다.

관찰에서 출발해야 한다. 무심히 바라보다 생각들이 꽃처럼 피어나야 한다.

이러한 생각들은 망상이 되지 않는다. 어떤 믿음에서 출발한 생각들은 자신과 남들에게 커다란 폭력이 될 수 있다.

역사상 무자비한 폭력들은 다 '선한 믿음'에서 시작되었다. 우리는 믿음에서 벗어나야 한다.

어릴 적부터 세상만물을 무심히 바라보는 연습을 꾸준히 해야 한다. 그때 피어나는 언어들은 시(詩)가 된다.

우리 모두 시인이 되어야 한다. 시적인 눈으로 보면 이 세상은 그대로 눈부시게 아름답다.

좋은 사람 콤플렉스

노예적 사유방식에서 선(善)은 어떠한 경우에도 위험하지 않은 인간이어야 한다는 것이다. 그는 착해서 속이기 쉽고 약간 미련하며 아마 호인(好人)일 것이다.

〈선악의 피안〉

나는 젊었을 적에 '세상 사람들이 나만큼만 착하게 살면 세상이 참 좋아질 텐데'하고 생각했었다.

나는 니체가 경멸하는 '호인(好人)'이었던 것이다. 이 '좋은 사람 콤플렉스'를 벗어나는데 꽤 많은 시간이 걸렸다.

전래 동화 '심청전'에서 심청은 소경인 아버지의 눈을 뜨게 하려고 공양미 300석에 팔려간다.

언뜻 보면 효를 권장하는 동화 같다. 하지만 그건 겉으로 드러난 것이고 속에 담긴 의미는 심청이라는 한 소녀의 '자기실현(自己實現)'이다.

아이가 진정한 어른이 되기 위해서는 아버지를 떠나야 한다. 아버지라는 존재는 사회의 상징이다.

한 사회는 도덕에 의해 질서가 유지된다. 옛날에 강조되었던 충효는 봉건사회를 유지하기 위한 이데올로기(사상)였다.

그런데 충효의 도덕은 계속 새로워져야 한다. 굳어버리게 되면 진정한 충효가 되지 못한다.

한용운 시인은 술에 취하면 젊은이들에게 소리쳤다고 한다. "나의 머리를 딛고 넘어가라!"

한용운 시인은 그 시대의 아버지의 대표로서 젊은이들에게 소리친 것이다. 일제강점기라는 엄혹한 시대를 극복하려면 그 시대의 도덕을 넘어서야 하는 것이다.

윤동주 시인이 연희전문학교를 나와 충효를 하겠다며 총독부에 관료로 취직했다면, 그건 진정한 충효가 아니지 않겠는가?

한 시대의 도덕을 넘어서는 상상력을 할 수 있어야, 그 시대의 진정한 도덕을 새롭게 세울 수 있다.

심청이의 아버지가 소경인 것은, 딸의 진정한 가치를 몰라보는 아버지라는 상징이다.

'가부장적인 의식'을 지닌 아버지를 떠나야 딸은 진정한 어른이 되고 나중에는 진정한 효도를 할 수 있게 된다.

효를 위해 공양미 300석에 팔려간다는 설정은 문학적 장치다. 그렇게 해야 그 시대의 도덕과 충돌하지 않아 모든 사람들의 입에 오르내릴 수 있을 테니까.

아버지를 떠난 심청은 인당수에 몸을 던지게 된다. 진정한 인간으로 거듭나기 위해서는 과거의 심청은 죽어야 한다.

용왕의 도움으로 다시 이 세상으로 돌아온 심청은 왕비가 된다. '최고의 여인'이 되는 것이다.

심청은 금의환향하여 소경들을 위한 잔치를 열고, 아버지는 딸의 목소리를 듣고는 눈을 뜨게 되고 이어 다른 소경들도 눈을 뜨게 된다.

한 시대의 도덕에 갇혀 있으면, 성숙한 인간이 되지 못한다. 그래서 우리는 좋은 사람, 착한 사람 콤플렉스에서 벗어나야 한다.

니체는 도덕을 주인의 도덕과 노예의 도덕으로 나눈다. 주인의 삶을 살아가는 사람은 세상을 자신이 '좋아하는 것과 싫어하는 것'으로 나눠서 본다.

신화학자 조셉 캠벨이 말하는 블리스(희열)를 따라가는 삶을 살아간다. 이런 삶을 살아가는 사람이 바로 삶의 주인이다.

노예는 자신이 뭘 좋아하는 지는 아예 생각조차

하지 않는다. 주인이 만든 선(善)한 행동을 한다.

이런 노예가 사람들 눈에 호인, 좋은 사람으로 비칠 수 있다. "법 없이도 살 사람이야! 사람 참 좋지!"

니체가 말하는 '노예적 사유방식'이다. 그는 '어떠한 경우에도 위험하지 않은 인간'이고 '착해서 속이기 쉽고 약간 미련한 인간'이다.

이런 노예들이 살아가는 세상은 발전의 동력을 잃어버리게 된다. 점점 퇴락하게 된다.

우리는 주인이 되어야 한다. 자신의 삶을 끊임없이 재구성해 가야 한다. 그러려면 자신 안의 희열로 살아가야 한다.

자신이 되어야 한다. 자신이 되어 가면 자신의 소명, 이 세상에서 자신이 해야 할 일을 깨닫게 된다.

우리는 '선악(善惡)의 굴레'에서 벗어나야 한다. 진정으로 선하게 살아가려면 먼저 자신이 되어야 한다.

자신이 되는 과정은 험난하다. 그래서 공자는 군자와 가까이 할 수 없으면 차라리 광자(狂者)를 가까이 하겠다고 말했다.

자신의 길을 걸어가는 사람은 광자, 미친 사람처럼 보일 수도 있는 것이다. 하지만 방황하지 않고 어떻게 자신의 길을 제대로 찾아가겠는가?

이런 사람은 끝내 길을 찾게 된다. 처음부터 착하게만 살아가려는 사람은 아예 가능성이 없다.

공자는 이런 사람을 향원(鄕員)이라고 했다. 향원은 지역, 직장, 단체에서 호인 소리를 듣는 사람을 말한다.

공자는 이런 사람은 덕(德)을 망친다고 했다. 덕이라는 것은 자신의 도(道)를 찾아 갈 때 밝혀지는 빛이다.

우리는 각자 자신들의 블리스를 따라가야 한다. 블리스를 따라가면 우리가 가야 할 길(道)을 가게 된다.

평등

나의 형제여, 그대가 '정신'이라고 부르는 그대의 작은 이성도 몸의 도구, 즉 그대의 커다란 이성의 작은 도구이며 그것의 장난감에 불과하다.

〈차라투스트라는 이렇게 말했다〉

20세기 한국불교의 최고의 선승으로 일컬어지는 경허 선사는 젊은 시절에 경전에 통달한 명강사였다고 한다.

어느 날 그는 은사인 계허 스님을 만나러 서울로 가는 길에 충남 천안의 한 마을에 들렀다고 한다.

그때 그는 역병으로 멀쩡한 사람들이 순식간에 죽어나가는 모습을 보고서는 엄청난 충격을 받았다고 한다.

그는 자신이 가르치던 경전의 수많은 교리들이 죽음 앞에서는 아무 쓸모가 없다는 것을 뼈저리게 느끼고는 다시 동학사로 되돌아갔다고 한다.

그 후 그는 용맹 정진하여 깨달음을 얻게 되었다고 한다. '돌연 삼천대천세계가 내 집임을 깨달았네'

역병을 만나고서 죽음의 공포에 휩싸인 경허와 깨달음을 얻은 경허는 어떻게 다를까?

깨달음을 얻기 전의 경허의 정신은 니체가 말하는 '작은 이성'이었다. 몸 안에 갇혀 있는 마음.

자신이 이 세상의 중심인 줄 아는 마음. 심층심리학자 칼 융이 말하는 자아(自我 ego)다.

이 자아는 평소에 자신의 몸밖에 모른다. 그러다 위기에 처하게 되면, 공포에 휩싸이게 된다.

지식을 아무리 쌓더라도 이 자아는 자기중심주의

를 벗어나지 못한다. 경허는 역병을 만나 자아의 한계를 처절하게 깨닫게 된 것이다.

그는 골방에 틀어박혀 '역병 앞에서 벌벌 떠는 자신의 마음'을 화두로 삼고 정진하게 되었을 것이다.

그러다 그는 한 사미승의 '코뚜레를 할 곳이 없는 소'라는 말을 듣고는 한순간에 모든 의문이 풀어졌다고 한다.

소는 우리의 마음의 상징이다. 그는 '마음은 굳이 코뚜레를 할 필요가 없다'는 것을 문득 깨달았던 것이다.

'마음은 애초부터 천지자연과 하나가 아니었던가? 오! 나는 천지자연과 하나였구나!'

몸에 갇혀 있던 마음이 스르르 풀어져 나와 천지자연과 함께 덩실덩실 춤을 추게 되었을 것이다.

그의 마음의 집은 그의 몸이 아니라 삼천대천세계였던 것이다. 그러니 죽음이 어디에 있는가?

삶은 어디에 있는가? 나와 천지자연의 합일, 삶과 죽음의 합일. 그는 대자유인(大自由人)이 된 것이다.

니체는 자아의 마음을 "커다란 이성의 작은 도구이며 그것의 장난감에 불과하다."고 말했다.

인도와 네팔에서 주고받는 인사말 '나마스테'는 '내 안의 신이 그대 안의 신에게 인사한다는 뜻'이라고 한다.

니체가 말하는 '커다란 이성', 경허 선사가 깨달은 '삼천대천세계가 내 집'이 바로 이 신(神)이다.

그래서 인간은 평등하다. 모든 인간의 마음속에 신이 거하고 계시니까. 하지만 자아는 평등하지 않다.

자아는 이 세상에서 살아가는 나다. 나는 남편이고 아내이고 아버지이고 엄마이고 자식이고 공무원이고 회사원이고 부장이고 과장... 이다.

이 자아는 평등하지 않다. 위계가 있다. 리더와

팔로워가 있다. 우리는 상황에 따라 리더가 되기도 하고 팔로워가 되기도 해야 한다.

공자는 "군자는 화이부동(和而不同)하고 소인은 동이불화(同而不和)한다"고 했다. 군자는 모든 인간 속에 신이 있음을 알기에 모든 사람들과 잘 어울릴(和) 수 있다.

하지만 모든 사람이 같지(同) 않다(不)는 것을 안다. 상황에 따라 리더와 팔로워 역할을 잘하게 된다.

그런데 소인은 자신들의 마음속에 신이 살고 있음을 잘 모른다. 그래서 사람을 자아로만 평가한다. 서로 존중하지 않고 질시하기에 잘 어울릴 수가 없다(不和).

따라서 그들은 상황에 따른 리더와 팔로워 역할을 제대로 하지 못한다. 서로 다투다가 결국에는 무조건 하나가 되려한다(同).

존재에 대하여

모든 것은 가고 모든 것은 되돌아온다. 존재의 수레바퀴는 영원히 굴러간다. 모든 것은 죽고 모든 것은 다시 꽃핀다. 존재의 연령은 영원하다.

〈차라투스트라는 이렇게 말했다〉

중국 명대의 양명학의 창시자 왕양명은 제자들과 함께 산길을 가고 있었다. 한 제자가 물었다.

'선생님께서는 마음 밖에 사물이 존재하지 않는다고 하셨는데, 산의 꽃은 스스로 피고 지는 것이 아닙니까?'

왕양명은 다음과 같이 대답하였다.

"자네가 이 꽃을 보지 않았을 때는 이 꽃과 자네

의 마음은 모두 적막하였다. 하지만 자네가 이 꽃을 보자마자 이 꽃의 모습이 일시에 드러났다."

우리는 삼라만상이 객관적으로 존재한다고 배웠다. 개관적으로 존재하는 대상을 연구하는 것이 근대 학문이다.

우리는 근대 과학의 아버지 아이작 뉴턴의 과학을 공부하면서 물질이 당연히 존재한다고 생각하지 않았는가?

그런데 왕양명은 '마음이 곧 이치이다. 세상에는 마음만이 있으며, 마음 없이는 아무런 이치도 없다. 심즉리 心卽理.'고 하니 제자 입장에서는 황당하게 들렸을 수도 있을 것이다.

우리가 산길을 가다 만나는 꽃 한 송이, 저 꽃은 객관적으로 저기에 존재한다고 생각하는 것이 지극히 당연한 생각이 아니겠는가?

그런데 왕양명은 그렇지 않다고 말한다. "자네가

이 꽃을 보자마자 이 꽃의 모습이 일시에 드러났다.”

이것은 과학적 사실이다! 현대양자물리학에서는 물질은 객관적으로 존재하지 않는다고 말한다.

저기에 실재하는 것같이 보이는 물질은 우리가 볼 때만 나타난다는 것이다. 양자물리학에서 말하는 ‘관찰자 효과’다.

우리가 알고 있던 상식과 너무나 다르다. 우리가 보면 저 사물이 나타나고 보지 않으면 존재하지 않는다니?

왕양명, 양자물리학의 시각으로 보면, 우리가 알고 있는 사람들도 우리가 볼 때만 나타난다는 것이다.

그러면 우리가 안 볼 때는? 에너지로 존재한다. 이 세상의 실상은 에너지장이다. 동양에서 말하는 기(氣)다. 적막 속에 있다.

그렇다면? 우리의 몸은 지금 존재하는가? 아니다.

우리의 감각에 의해 존재하는 것처럼 느껴질 뿐이다.

그래서 우리가 우리의 몸이 실재한다고 믿는 것은 미망이다. 깨달은 사람은 우리와 다르게 세상을 본다.

한국 근대의 최고의 선사로 불리는 경허 선사는 죽을 때 다음과 같이 노래했다.

'마음만 홀로 둥글어 그 빛 만상을 삼켰어라. 빛과 경계 다 공한데 다시 이 무슨 물건이리오'

경허 선사는 마음이 만상을 다 삼켰다고 노래한다. 왕양명의 일체유심조(一切唯心造)다.

모든 것은 마음이 지어내는 것이니 삶과 죽음도 마음의 문제다. 객관적인 사실이 아니다.

마음의 빛이 비춰, 나와 세상이 존재하지만, 그것은 공(空)이다. 텅 비었다. 실체가 아니다.

한 생각이 일어나면 모든 것은 다시 피어나고, 한

생각이 사라지면 모든 것은 다시 죽게 되는 것이다.

그런데 그에게 '죽음'이 왔다. 그는 담담하게 말한다. "다시 이 무슨 물건이리오" 니체는 죽음은 인생의 마지막 도전이라고 했다.

누구나 죽을 때 자신의 삶을 되돌아보고 적막 속으로 들어가는 자신을 보게 될 것이다. 경허 선사는 죽음 앞에서 "다시 이 무슨 물건이리오"하고 말한다.

아무것도 아니라는 것이다. '존재의 연령은 영원하다'는 것이다. 마지막 도전을 그는 이렇게 멋지게 통과하였다.

3부

참새가 어찌 대봉의 뜻을 알리요?

우리는

더 이상 신분을 갖지 않는다!

우리는 개인이다.

참새가 어찌 대붕의 뜻을 알리요?

우리는 더 이상 신분을 갖지 않는다! 우리는 개인이다. 그러나 돈은 힘이고 명성이고 존엄이고 우월함이며 영향력이다. 이제 돈은 사람이 그것을 가졌는가에 따라서 한 인간을 평가하는 크고 작은 도덕적 편견을 형성한다.

〈아침놀〉

장자의 '소요유(逍遙遊)'에는 대붕과 참새가 등장한다.

'저 먼 북쪽 깊고 어두운 바다에 곤(鯤)이라는 커다란 물고기가 사는데, 이 물고기가 새로 변하여 하늘로 솟구쳐 날아오르면 대붕(大鵬)이 된다고 한다. 대붕은 날아오르는 높이가 구만리나 된다고 한다.'

참새들이 대붕을 보고 비웃는다. "우리는 온힘을

다해 날아올라도 능금나무나 느릅나무에 부딪혀 떨어진다. 그런데 어찌하여 저 대붕은 겁도 없이 구만리나 솟구쳐 남쪽으로 가는 것일까?"

장자는 말한다. "작은 지혜는 큰 지혜에 미치지 못한다." 참새는 니체가 말하는 '최후의 인간, 말인(末人)'일 것이다.

모든 생명체들은 스스로 진화하려 한다. 그런데 현대사회에는 진화하지 않으려는 인간이 등장했다.

물질의 풍요를 누리며 안락하게 살겠다는 사람들이다. 그들은 자신들이 자유롭게 살아가고 싶어 한다고 생각한다.

참새의 자유다. 이들은 결국 인간의 위계를 믿지 않으면서 돈의 위계를 믿게 된다. 그들은 '돈은 힘이고 명성이고 존엄이고 우월함이며 영향력'이라는 믿음을 갖게 된다.

그들은 구만리 창공을 날아오르는 대붕을 비웃는

다. 하지만 이 세상은 저 높은 창공에서 바라보지 않으면 제대로 보이지 않는다.

참새들은 자신들의 생각의 우물에 갇혀 있다. 큰 지혜로 살아가는 대붕을 작은 지혜로 살아가는 참새들이 인정하지 않으면 이 세상은 어떻게 될까?

니체는 신이 죽은 시대의 이상적인 인간상으로 '초인(위버멘쉬)'을 제시했다. 니체는 "초인은 대지의 뜻, 자기 스스로를 창조하는 창조자들"이라고 말한다.

그는 땅에 두 발을 굳건히 딛고 정신이 구만리 창공으로 날아오르는 사람이라는 것이다. 그는 '슈퍼맨'이 아니다.

신화학자 조셉 캠벨은 신화, 예술은 인간을 현재의 시간 속에 살아가면서 동시에 초월적인 삶을 살아갈 수 있게 도와준다고 말했다.

인간은 물질이면서 동시에 기(氣 에너지)다. 물질인 육체는 생로병사를 겪는 시간 속에 있다.

하지만 동시에 에너지이기에 생로병사도 없고 시간도 없다. 영원한 우주의 율동이 있을 뿐이다.

대붕과 초인은 물질(육체)의 세계와 초월의 세계를 동시에 살아가는 인간의 상징이다. 참새, 최후의 인간은 자신의 육체가 전부라고 생각한다.

인간은 사회적 동물이라 더불어 살아가야 한다. 그래서 참새들은 대붕의 뜻을 알아야 한다.

최후의 인간들이 참새로 살아가는 것은 어쩔 수 없다 하더라도 대붕을 무시하고 비웃게 되면, 이 세상은 아비규환의 세상이 된다.

민주주의는 민이 주인이 되는 제도다. 그러다보니 참새들은 자신들이 주인이라고 생각한다.

그래서 민주주의의 고향인 그리스 아테네에서는 시민들이 대붕 소크라테스를 독배를 마시고 죽게 했다.

민주주의(民主主義)는 민(民)이 대붕, 초인이 되어 주(主)가 되지 않으면 왕정, 귀족정보다도 못한 제도다.

참새들이 대붕의 뜻을 알아야 하는 이유다. 참새들이 대붕을 몰라보면, 사이비 대붕들이 판치게 된다.

행복한 시지포스를 상상하라!

생 자체가 힘에의 의지라고 할 경우, 생애는 힘의 등급 외에 가치를 갖는 것은 아무것도 존재하지 않는다.

〈힘에의 의지〉

나는 경북 상주시 내서면의 한 산골에 있는 작은 우물에서 태어났다. 그 우물은 '골테'라는 이름으로 불렸다.

내가 태어났을 때는 첩첩산중의 한 작은 산골 마을이었을 것이다. 지금은 마을을 조금만 벗어나면 큰 도로가 나 있다.

그 도로가 예전에는 산길이었을 것이다. 그 길을 따라 걸으며 경상도와 충청도를 넘나들었을 것이다.

나는 가끔 꿈에 개구리가 되어 그 우물 속으로 들어간다. 작은 하늘 아래에서 나는 마음껏 풍덩거리며 놀았다.

그러다 세 살 때 상주읍이라는 큰 우물로 이사를 갔다. 우물 안에는 낡은 기와집이 한 채 있었다.

그 집의 큰 마루 밑에 들어가 복작거리는 사람들을 바라보았다. 철이 들면서 우리는 '주막듬'이라는 작은 우물로 이사를 갔다.

나는 아직 철이 없을 때라 새로운 우물 속에서 다른 개구리들과 함께 신나게 놀았다.

니체가 말하듯 아이는 최고의 인간이다. 그는 쉽게 망각하기 때문이다. 지난 시간을 깡그리 잊는 아이는 항상 즐겁다. '지금 여기'를 한껏 즐긴다. 아이에게 우물 안은 얼마나 신나는 곳인가!

나는 그때 신화시대의 인간이었다. 수만 년 동안 원시인들은 부족사회를 이루고 살았다.

하나의 우물 속에서 살아가는 원시인들은 부족함이 없었다. 그들의 세계는 완벽한 자궁이었다.

그러다 철기가 등장하면서 부족 간에 서로의 땅을 빼앗으려는 치열한 전쟁이 일어나게 되었다.

우물을 잃어버린 인간들의 세상은 약육강식의 정글이 되었다. 그때 성자(聖者)들은 서로 사랑하라고 가르쳤다.

나의 철기 시대는 초등학교 시절이었다. 주막듬이라는 우물에서 마냥 즐거웠던 아이는 읍내의 초등학교에 다니면서 웃음을 잃어갔다.

읍내의 개구리들은 희멀건 했다. 시골 개구리들과 확연히 달랐다. 나는 그들과 어울릴 수가 없었다.

이후의 나의 삶은 계속 한 우물에서 벗어나 새로운 우물을 찾아가는 지난한 여정이었다.

독일의 소설가 헤르만 헤세의 소설 '데미안'에는 다음과 같은 구절이 나온다.

'새는 알에서 나오려고 투쟁한다. 알은 세계다. 태어나려는 자는 하나의 세계를 깨뜨려야 한다.'

동물은 한평생 한 우물에서 살아간다. 그래서 야생에서 살아가는 동물들은 언제 봐도 평온하다.

인간은 동물에서 '생각하는 존재'로 진화하면서, 한평생 새로운 우물을 계속 찾아가는 고통스러운 존재가 되었다.

니체는 그 고통을 온전히 받아들이라고 말한다. 그러면 그 고통은 기쁨으로 화한다고.

그렇다. 우리는 고통을 사랑스럽게 안고 살아가야 한다. 고통을 주는 모든 다른 존재들을 사랑해야 한다.

장자는 우리에게 '더 이상 우물 안 개구리로 살아가지 말라'고 다그친다. 쉼 없이 바위를 위로 굴려가야 하는 시지포스가 우리의 운명이다.

그리스 신화에 코린토스의 왕 시지포스가 등장한

다. 그는 신들을 속인 죄로 지옥에 떨어져 거대한 바위를 산으로 밀어 올리는 형벌을 받는다.

그 바위를 지고 멀고도 높은 산꼭대기에 이르면 다시 돌이 아래로 굴러 떨어진다. 시지포스는 이 고통을 반복하게 된다.

프랑스 실존주의자 알베르트 까뮈는 '시지포스의 신화'에서 인간의 숙명적 굴레를 본다.

우리의 삶은 어떤가? 매일 똑같은 날들이 반복된다. 우리는 이 벗어날 수 없는 부조리 앞에서 절망한다.

까뮈는 말한다. "이 부조리한 상황을 온전히 받아들여라!" 니체의 아모르파티(운명애)다.

머리로 생각하는 시지포스는 비극이지만, 온몸으로 받아들이는 시지포스는 충만한 희열이다.

지금 이 순간을 온전히 받아들여보자! 머리를 텅 비우고 오감을 열어 감각적으로 이 순간을 다 느껴

보자.

아무리 힘든 순간이어도 이 순간은 기쁨으로 화하는 기적이 일어난다. 알아차림의 명상이다.

까뮈는 형벌을 받는 시지포스를 부조리한 시대를 멋지게 살아가는 영웅으로 재탄생하게 한다.

많은 사람들이 각자의 우물 안에서 살아가고 싶어 한다. 하지만 현대사회는 부족사회가 아니다.

각자의 우물을 벗어나 계속 새로운 우물을 건설해야 한다. 끝내 하나의 큰 우물을 건설해야 한다. 우리는 이 형벌을 기꺼이 감수해야 한다.

사랑의 계보

관능에 대한 가장 극심한 독설들은 노쇠자들로부터 나온 것이 아니었고 금욕자들로부터 나온 것도 아니었으며 금욕자가 될 수 없었던 자들, 그리고 금욕자가 될 필요가 있었던 자들로부터 나온 것들이었다.

〈우상의 황혼〉

아주 오래전 불꽃같은 사랑을 하던 시절, 나는 내 사랑 또래의 여자들에게도 친절하게 되었다.

버스를 탈 때는 그녀들 뒤에 섰다. 흡사 아들을 군대에 보낸 어머니들이 군복을 입은 청년들에게 친절한 것과 같은 심정이었을 것이다.

니체는 우리가 생각하는 이타적인 사랑, 고상한

사랑은 관능적인 사랑이 승화된 것으로 본다.

그는 정신적인 사랑을 고귀하게 보고 육체적인 사랑을 저열하게 보는 우리의 이분법적인 사고에 망치를 들이댄다.

우리는 얼마나 오랫동안 육체적인 욕망에 대한 죄의식을 갖고 살아왔던가! 우리는 관능적인 사랑 행위를 보면 불편하다.

실제로 관능적인 사랑과 이타적인 고매한 사랑은 하나인데, 그것들은 하나의 뿌리를 갖고 무성한 잎과 꽃을 피워내는 나무와 같은데.

누가 우리를 이렇게 만들었을까? 우리의 옛이야기 '견우와 직녀'에서 그 근원을 찾을 수 있을 것 같다.

견우는 이름 그대로 소 기르는 목동이었고, 옥황상제의 딸인 직녀는 이름 그대로 베를 짜는 젊은 처녀였다.

옥황상제는 두 사람을 결혼시켜주었다. 그러자 이

들은 사랑에 빠져 자신들이 하는 일에 소홀히 하게 되었다.

대노한 옥황상제는 은하수를 사이에 두고 견우는 동쪽에, 직녀는 서쪽에 각각 떨어져 살게 했다.

두 사람이 흘린 눈물이 땅으로 떨어져 홍수를 일으켰다. 사람들과 동물들이 모여 일 년에 한 번씩이라도 견우와 직녀가 만날 수 있게 해주기로 결의했다.

해마다 칠월 칠석이 되면, 까치와 까마귀들이 자신들의 몸으로 은하수에 오작교를 놓았다.

그 덕분에 견우와 직녀는 1년에 하루나마 만날 수 있게 되고, 더 이상 홍수는 일어나지 않게 되었다.

인류는 수 만년 동안 수렵채집생활을 했다. 풍부한 먹거리 덕분에 마음껏 사랑을 나누며 살았다.

하지만 약 1만여년 전에 농경이 시작되면서 열심

히 일을 해야 했다. 사랑을 금지시켜야 했다.

그래서 역사학자 유발 하라리는 농업혁명을 역사상 최대의 사기라고 말했다. 그는 그의 저서 '사피엔스'에서 다음과 같이 말한다.

'이 모든 상황은 대략 1만 년 전 달라졌다. 이때부터 사피엔스는 거의 모든 시간과 노력을 몇몇 동물과 식물 종의 삶을 조작하는 데 바치기 시작했다. 인간은 해 뜰 때부터 해 질 때까지 씨를 뿌리고 작물에 물을 대고 잡초를 뽑고 좋은 목초지로 양을 끌고 갔다.'

일은 열심히 하지만 삶의 질은 전혀 높아지지 않고 오히려 낮아지는 농경생활, '노는 인간'에서 '일하는 인간'으로 개조하기 위한 프로젝트가 바로 '금욕'이었다.

니체는 말한다. '관능에 대한 가장 극심한 독설들은 금욕자가 될 수 없었던 자들, 그리고 금욕자가 될

필요가 있었던 자들로부터 나온 것들이었다.'

사랑의 금욕에 길들여진 인간들은 금욕자가 될 수 없다. 그들은 절도 있는 사랑을 하지 못하기 때문이다.

그런 사람들은 관능적인 사랑에 대해 독설을 내뱉는다. 자신들 깊은 마음속에 똬리를 틀고 있는 어두운 성욕 때문이다.

그들은 그 어두운 그림자를 남들에게 마구 투사한다. 그래야 깊은 죄의식에서 잠시나마 벗어날 수 있으니까.

'금욕자가 될 필요가 있었던 자들'도 있었다. 왕이나 귀족들에게 잘 보여 종교 권력을 갖고자 하는 사이비 종교인들이다.

이제 사랑이 해방된 시대다. 하지만 우리는 사랑을 제대로 누리고 있을까? 범람하고 있는 성과 사랑의 홍수에 우리는 마구 떠 밀려가다 익사하고 있는 건 아닌가?

아름다운 사랑은 소설 속에서나 가능한 일인가? 견우와 직녀는 너무나 자연스레 사랑을 나눌 수 있었을 텐데.

너무나 긴 기간의 금욕이 우리를 사랑의 불구자로 만들었다. 다시 사랑을 회복해야 한다.

관능적인 사랑의 범람으로 많은 사람들이 다시 사랑을 억제해야 한다고 생각하는 것 같다.

우리는 인간을 믿어야 한다. 누구나 소설 속의 주인공처럼 아름다운 사랑을 할 수 있다.

수만 년 동안 아름답게 사랑을 나눴던 우리 조상님들의 뜨거운 피가 우리에게도 흐르고 있을 테니까.

스마트한 세상

초조가 세상을 뒤덮고 있다. 현대인들은 너나없이 자기 자신으로부터 달아나고 있기 때문이다.

〈반시대적 고찰〉

오랜만에 지하철을 탔다. 입구에 기대어 서서 주변을 둘러보다가 '헉!' 놀랐다. 다들 스마트폰을 보고 있다.

이 지루하고 힘든 시간을 견디기 위해 다들 자신들만의 스마트한 세상 속으로 들어가 있는 것이다.

나만 멀뚱거리고 있다. 기계 문명에 대한 거부감으로 오랫동안 핸드폰을 거부하다가 어쩔 수 없이 갖게 된 핸드폰.

언젠가부터 이름이 스마트폰으로 바뀌었다. 스티

브 잡스가 스마트폰을 만들면서 이 시대의 아이콘이 되었다.

스마트폰의 아이디어를 불교의 화엄 사상에서 얻었다는 글을 어디서 읽은 적이 있다.

일즉다 다즉일(一卽多 多卽一), '하나가 전체요 전체가 하나다' 스마트폰 하나에 온 세상이 다 있는 것이다.

이 스마트폰을 잃어버리면 어떻게 될까? '스마트폰을 떨어뜨렸을 뿐인데' 스마트한 세상이 일시에 사라지는 김태준 감독의 스릴러 영화.

회사원 나미는 퇴근 후 친구와 술을 마신 뒤 귀갓길에 버스를 탔다가 급히 내리는 바람에 스마트폰을 떨어뜨리고 내리게 된다.

우연히 스마트폰을 주운 준영은 나미의 폰에 스파이웨어를 설치한 뒤 수리점을 통해 돌려준다.

준영은 나미의 스마트폰으로 취미, 취향, 직업, 동

선, 경제력, 인간관계 등 나미의 모든 것을 알아낸 후 정체를 숨긴 채 나미에게 접근한다.

자신도 모르게 스마트폰에 심어진 스파이웨어로 나미의 일상생활이 실시간으로 준영과 공유된다.

본다는 것은 강자의 특권이다. 약자는 강자 앞에서 눈을 내리깐다. 온전히 자신을 내맡긴 나미는 준영의 먹잇감이다.

서서히 나미의 삶이 망가져간다. 준영의 농간으로 함께 사는 친구가 스파이웨어를 심었다고 오해를 받으며 나미를 떠나게 된다.

준영은 나미의 아버지가 자신을 의심하자 나미의 아버지를 납치하게 된다. 준영의 뒤를 쫓는 형사들.

단지 스마트폰을 떨어뜨렸을 뿐인데, 나미의 삶 전체가 한순간에 무너져 내리게 된다.

현대사회를 신이 죽은 사회라고 한다. 신이라는 절대 진리가 사라지게 되면서 인간이 세상의 중심에서게 되었다.

하지만 인간은 스스로 신이 될 용기가 없다. 신 대신에 의지할 대상이 필요하다. 바로 과학이다.

과학으로 스마트한 세상을 지상에 만드는 것이다. 유발 하라리의 예언대로 인간은 '호모 데우스(신적인 인간)'가 되어가고 있다.

지하철 안에서 다들 스마트폰을 들여다보고 있는 광경, 기괴스럽다. 진정한 스마트한 세상은 이 지하철 안에서 구현되어야 할 것이다.

두 발을 딛고 있는 이 지하철 안, 덜컹거리고 복작거리는 여기가 스마트한 세상이 되어야 할 것이다.

신이 약속한 허구의 천국과 작은 기계 속으로 들어가는 스마트한 세상이 무슨 차이가 있는가?

신은 앞으로도 여러 모습으로 변신하며 계속 인간 위에 군림할 것이다. 왜 인간은 스스로 스마트한 존재가 되려하지 않을까?

안내 방송이 나오자 꿈에서 깨어난 듯 부랴부랴 내리는 승객들, 얼굴에는 아무런 감정이 없다.

니체는 말한다. “초조가 세상을 뒤덮고 있다. 현대인들은 너나없이 자기 자신으로부터 달아나고 있기 때문이다.”

그는 현대사회의 모든 불안은 인간이 ‘자기 자신으로부터 달아나고 있기 때문’이라고 말하고 있다.

자신의 삶을 스스로 꾸려갈 용기가 없는 현대인들, 신에게 자신들의 생살여탈권을 부여하고 살아간다.

이바라기 노리코 시인은 그 어떤 것에도 ‘기대지 않고’ 살아가자고 노래한다.

‘이제/기성의 사상에는 기대고 싶지 않다/이제/기성의 종교에는 기대고 싶지 않다/이제/기성의 학문에는 기대고 싶지 않다/이제/어떠한 권위에도 기대고 싶지 않다.’

'어떠한 권위에도 기대고 싶지 않다'고 선언할 수 있을 때, 우리는 진정한 인간으로 다시 태어날 수 있다.

생각하는 동물로 진화한 인간, 생각을 잘못하게 되면 동물이었던 시절보다 훨씬 못한 삶을 살아가게 된다.

교육

나의 제자들이여 나는 홀로 가련다! 너희도 각각 홀로 길을 떠나라! 내가 바라는 것이 바로 그것이다. 영원히 제자로만 머문다면 그것은 스승에 대한 도리가 아니다. 너희는 어찌하여 내가 쓰고 있는 월계관을 낚아채려 하지 않는가? 너희가 모두 나를 부인할 때에야 나는 너희에게 돌아오리라.

〈차라투스트라는 이렇게 말했다〉

사이비 종교에 한번 빠지면 다시는 빠져나올 수 없다고 한다. 왜 그럴까? 끝까지 신도를 구원하고 싶은 교주의 마음 때문에?

보통 사람들은 이게 아니라 다른 세속적인 탐욕이 그 아래에 깔려있다는 것을 다 알고 있다.

니체는 스승다운 스승을 차라투스트라의 입을 빌

려 말하고 있다.

"제자들이여 나는 홀로 가련다! 너희도 각각 홀로 길을 떠나라! 내가 바라는 것이 바로 그것이다. 영원히 제자로만 머문다면 그것은 스승에 대한 도리가 아니다."

교육은 영어로 education이다. 어원을 살펴보면 'e(밖으로) + ducare(이끌어내다)'이다.

철저하게 이렇게 가르침을 편 사람이 바로 서양철학의 아버지 소크라테스다. 그래서 그는 인류의 사표(師表)로 추앙을 받고 있다.

그는 아고라 광장에서 수업을 했다. 대화를 통해 상대방이 스스로 지혜를 터득하게 했다.

그래서 그의 교육법을 산파술이라고 한다. 산파가 아기를 산모에게서 받아내듯이 그는 사람들의 마음 속에서 지혜를 받아내는 것이다.

나는 오랫동안 인문학 강의를 하며, 수강생들이

인문학에 대한 일반적인 지혜들을 이미 알고 있다는 무서운 사실을 깨달았다.

그들은 니체, 소크라테스, 프로이트, 플라톤, 비트겐슈타인. 들뢰즈... 등 뛰어난 철인들의 사상을 이미 알고 있는 것이다.

단지 그들은 무의식적으로 알고 있다. 언어로 명확하게 말하지 못할 뿐이다. 스승이 할 일은 그들이 무의식적으로 알고 있는 것을 의식적으로 깨닫게 도와주는 일이다.

우리는 철학 등 인문학이 어렵다고 말하지 말아야 한다. 흔히 전문가들은 일반대중에게 지식을 가르치려고만 든다.

"이건 전문 용어라 어렵습니다."라고 하면서 자신이 배운 외국어로 말한다. 인문학적인 지혜를 배우는데, 반드시 원어를 알아야 하는가?

물론 전문적인 공부를 하려면, 명확한 개념의 이

해가 필요하다. 하지만 일반 대중이 살아가는 지혜를 배우는데 명징한 개념의 정의가 반드시 필요하지는 않을 것이다.

예수나 석가, 공자 같은 성인들이 전문적인 용어를 쓰면서 가르침을 편 적이 있던가? 그래서 현대철학의 아버지로 불리는 니체도 자신의 철학에 대해 개념 정의를 하지 않는다.

중요한 건, 그의 철학을 통해 삶의 지혜를 얻는 것이니까. 배움은 스승의 도움을 받으며 스스로 깨쳐 나가야 하는 것이니까.

줄탁동시(啐啄同時)라는 말이 있다. '줄(啐)'은 병아리가 알을 깨고 나오기 위해 쪼는 것을 의미하고, '탁(啄)'은 어미 닭이 알 밖에서 쪼며 병아리가 태어나도록 돕는 동작을 의미한다.

이 둘이 동시에 이루어질 때, 병아리는 알에서 안전하게 깨어나는 것이다. 교육도 이와 같은 것이다.

스승은 지식 주입식 교육을 하지 말아야 한다. 제자가 자신의 틀 속에서 스스로 깨어 나오려 분발할 때, 스스로 깨고 나올 수 있도록 도와주어야 한다.

깨고 나오면 제자는 이제 스스로 길을 찾아가야 한다. 스승도 홀로 자신의 길을 갈 수 있어야 한다.

기형도 시인은 그의 시 '전문가'에서 이 시대의 벌거벗은 전문가의 모습을 보여준다.

'이사 온 그는 이상한 사람이었다/그의 집 담장들은 모두 빛나는 유리들로 세워졌다//골목에서 놀고 있는 부주의한 아이들이/잠깐의 실수 때문에/풍성한 햇빛을 복사해내는/그 유리담장을 박살내곤 했다'

하지만 전문가는 온유하다. '그러나 애들아, 상관없다/유리는 또 갈아끼우면 되지/마음껏 이 골목에서 놀렴'

이때 한 아이가 의견을 내놓는다. '견고한 송판으로 담을 쌓으면 어떨까' 하지만 그는 즉시 골목에서

추방된다.

이 시의 결말은 그로테스크하다. 지구의 종말 같다.

'어느 날 그가 유리 담장을 떼어냈을 때, 그 골목은/가장 햇빛이 안 드는 곳임이/판명되었다. 일렬로 선 아이들은/묵묵히 벽돌을 날랐다'

우리는 전문가에게 의존하지 않으면 살 수 없게 되어버렸다. 번쩍이는 유리 담장은 애초부터 필요가 없었는데.

우리는 벽돌의 성채에 갇혀 버렸다. 쉼 없이 벽돌을 만들어야 하고, 쉼 없이 벽돌을 날라야 하고, 그 벽돌로 만든 집에서 한평생을 살아야 한다.

경쟁과 협동

우리는...... 우리 자신인 그러한 자가 되고자 한다. 새로운 자들, 유일한 존재들, 비교할 수 없는 자들, 자기 스스로의 입법자들, 자기 스스로를 창조하는 자들!

〈즐거운 지식〉

나카가와 리에코의 그림책 '보물찾기'를 읽는다.

'찬이는 보물찾기를 하러 강가에 나갔습니다. 강가에는 아무 것도 없어서, 강둑을 올라 들판으로 갔습니다.'

초등학교 시절 보물찾기를 한 경험이 떠오른다. 교외의 남장사로 소풍을 갔을 때였다.

바위 틈새, 나무 등걸 아래를 뒤지며 다른 아이들

을 슬쩍 슬쩍 눈 여겨 보며 나의 보물찾기에 열중하던 시절이었다.

'찬이는 멋진 막대기를 보았습니다. "와! 마법의 지팡이다!" 찬이는 기뻐서 팔짝 뛰었습니다.'

'바로 그때, "야호! 좋은 거 찾았다." 하고 토끼 토리가 깡충 뛰어왔습니다. "내가 먼저 봤어." 찬이가 막대기를 잡아당기자, "아냐, 내가 더 빨랐어." 하며 토리도 지지 않고 막대기를 잡아당기고는, "빠른 걸로 치면 토끼가 세상에서 첫째지." 하고 뽐냈습니다.'

지팡이를 사이에 둔 두 아이의 치열한 경쟁, 우리는 아이들에게 협동하라고 가르친다. 막연히 협동이 좋다는 생각으로 그렇게 가르치는 것 같다.

치명적인 교육법이다. 아이들은 경쟁부터 배워야 한다. 대안학교 출신 아이들에게 인문학을 강의하며 많은 생각을 한 적이 있다.

아이들은 철저하게 협동을 배웠었다. 협동만 배운 아이들이 이 치열한 경쟁 사회에서 어떻게 살아가야 하나?

찬이와 토리는 지팡이를 차지하기 위해 치열한 경쟁을 한다. '토리와 찬이는 달리기 시작했습니다. 둘 다 바람처럼 빨라서 누가 토리이고 찬이인지 알 수가 없습니다.'

찬이와 토리는 승부를 가릴 수 없어 이번에는 씨름을 한다. 씨름으로 승부를 가릴 수 없자 이번에는 멀리뛰기를 한다.

이렇게 경쟁을 하다보면, 아이들은 스스로 깨닫게 된다. 자신들이 무엇을 잘하는지, 경쟁을 할 때 어떤 느낌인지.

자신들이 아는 경기를 다 해봐도 승부를 가릴 수 없자 두 아이는 할머니에게 가기로 한다.

두 아이는 지금 어떤 심정일까? 자신들의 능력을

최대한 발휘하면서 안에서 솟아올라오는 희열을 느꼈을 것이다.

이제 아이들은 승부는 중요하지 않다는 것을 어렴풋이 느꼈을 것이다. 니체가 말하는 '서로가 사랑하고 존경하는 적'이 되어 있는 것이다.

협동만 배운 아이들은 적에 대한 사랑과 존경을 모르게 된다. 적을 사랑하고 존경하지 않는 아이들이 진정으로 서로 협동할 수 있을까?

할머니는 두 아이에게 보물찾기 경쟁을 하게 한다. 두 아이는 달려가다 동시에 발견했다. 두 아이는 길에 놓여 있는 지팡이를 동시에 붙잡았다.

'두 아이는 지팡이의 양 끝을 잡고 할머니 집으로 돌아왔습니다. 할머니는 그 보물을 보자마자 "아이고, 이렇게 좋을 수가!" 하면서 양팔로 찬이와 토리를 안고 마구 볼을 비볐습니다.'

지팡이는 할머니의 지팡이였던 것이다. 보물은 누

군가에게 아주 소중한 것이다. 자신의 이득을 챙기는 무언가가 아니다.

인간은 타고나기를 더불어 살아가는 사회적 동물이다. 다른 사람에게 무언가 도움 되는 일을 했을 때 가장 기쁘다.

안에서 기쁨이 샘물처럼 솟아올라온다. 자신의 이득을 챙겼을 때는 잠시 즐거운 것 같으나 곧 사라진다.

허탈해진다. 텅 빈 자신을 채우기 위해 온갖 쾌락을 찾아 나서게 된다. 쾌락은 아무리 채워도 목이 마른 바닷물과 같다.

우리는 다른 누군가를 기쁘게 하는 보물을 찾아야 한다. 이 보물은 협동으로는 찾을 수가 없다.

온 몸으로 경쟁을 해야 안에서 솟아올라온다. 기쁨으로 충만한 마음으로 봐야 보물이 눈앞에 보인다.

두 아이는 서로 두 손을 꼭 잡고 지팡이를 짚고

길을 가는 할머니의 뒤를 따라간다.

'할머니는 금잔화 꽃밭을 세 바퀴가 돌더니, 현관으로 들어와 찬장 앞에서 발걸음을 멈췄습니다.'

'찬장에서 접시를 꺼내고...... 더 이상 말 안 해도 알겠지요? (즐거운 간식 시간이랍니다.)'

두 아이는 경쟁을 통해 협동을 배웠다. 각자로 존재하면서 둘이 하나가 되고 나아가 다른 누군가에게 보물을 찾아주는 신비로운 체험을 했다.

찬이와 토리는 니체가 말하는 '새로운 자들, 유일한 존재들, 비교할 수 없는 자들, 자기 스스로의 입법자들, 자기 스스로를 창조하는 자들!'이 되었다.

우리는 먼저 자신의 보물을 찾아나서야 한다. 그 보물을 갖기 위한 치열한 경쟁을 하게 될 것이다.

이때 경쟁의 장에는 어떤 외부의 힘도 개입하지 말아야 한다. 투명한 햇살과 맑은 공기만 있어야 한다.

우리는 경쟁의 도가니에서 다시 태어나게 될 것이다. 물리적인 자신이 다른 사람과 화학적인 결합이 일어나며 더불어 살아가는 아름다운 인간으로 재탄생하게 될 것이다.

4부

나만의 길을 가라

고귀함, 독립자존의 정신,

다른 사람들과 다르게 존재할 수 있음,

홀로 서서 독립적으로 살아야 함.

나만의 길을 가라

고귀함, 독립자존의 정신, 다른 사람들과 다르게 존재할 수 있음, 홀로 서서 독립적으로 살아야 함.

〈선악의 피안〉

고향 친구에게서 문자가 왔다. '축하해! 가문의 영광이야!' 막내 제수씨가 ㄴ 초등학교 교장이 된 것을 말하고 있는 것이다.

막내 제수씨는 폐교의 위기에 처한 초등학교를 살려냈다. 여러 선생님들과 모임을 만들어 함께 폐교 예정인 학교에 들어가 서울에서 전학을 오는 학교로 되살려냈다.

몇 년 동안이나 밤 10시는 넘어야 집으로 돌아왔

다고 한다. 그 뜨거운 열정들이 모며 학교를 살려내고 제수씨는 교장이 된 것이다.

소설을 쓰는 막내 동생은 그 학교 선생님들과도 가끔 술자리를 가졌다고 한다. 나는 그런 분들과 많이 어울려봐서 상상이 된다.

'사람이 꽃보다 아름다워' 저절로 노래를 흥얼거리게 된다. 나는 이런 사람꽃 향기에 취해 인문학 강의를 하고 글을 쓰게 되었다.

꽃이 된 사람들은 니체가 말하는 초인(위버멘쉬)이다. 초인의 특성은 다음과 같은 것들이다.

'고귀함, 독립자존의 정신, 다른 사람들과 다르게 존재할 수 있음, 홀로 서서 독립적으로 살아야 함.'

이런 사람들은 자신만의 길을 가면서도 남들과 더불어 살아갈 수 있다. 공자가 말하는 '군자(君子)'다.

공자는 말했다. "군자는 화이부동(和而不同)하고, 소인은 동이불화(同而不和)한다."

군자는 다른 사람들과 화합을 잘하지만 같아지지는 않으며, 소인은 남들과 화합을 잘하지 못하고 같아지려고 한다는 것이다.

현대사회의 특징을 대중사회라고 한다. 과거에는 봉건사회라 수직적인 위계가 있었다.

하지만 근대에 민주주의 사회가 되면서 '개인'이 탄생했다. 소속이 사라진 개인들은 자유를 부르짖지만 자유를 누릴 정신적 능력이 많이 부족하다.

그래서 그들은 서로를 닮아간다. 삶의 기준을 제시해주던 신이 죽어 삶의 방향을 잃어버렸기 때문이다.

대중은 서로 닮아가며 하나가 되어 안심하게 된다. 하지만 이들은 서로 화합을 잘 하지 못하니 질서유지를 위해 관료제가 들어서게 된다.

관료제는 무조건적인 상명하복(上命下服)으로 굴러간다. 현대사회의 가장 큰 문제 중의 하나가 관료제의 폐해다.

사람에게서 영혼이 없어지는 것이다. 우리는 “공무원은 영혼이 없다”는 말을 들어보았을 것이다.

이런 관료제 하에서는 히틀러의 명령에 따라 유태인들을 대량 학살한 아이히만이 자신은 죄가 없다고 주장하는 어처구니없는 사태가 발생하게 된다.

‘악의 평범성’이다. 악은 우리네 보통사람들의 평범한 일상이 되어버리는 것이다. 이러한 관료제의 폐해에서 벗어나기 위해 우리는 나만의 길을 가야 한다.

막내 제수씨 학교의 선생님들은 각자 독립성을 유지하면서도 학교라는 조직을 위해 서로 화합을 할 것이다.

그 학교 선생님들은 서로 간에 아름다운 위계를 형성하고 있을 것이다. 체육대회를 할 때는 체육대회 운영을 잘하는 선생님이 리더가 되고 다른 선생님들은 팔로워가 될 것이다.

학생들 간에, 교사와 학생들 간에, 교사와 학부모 간에 분쟁이 발생했을 때는 그런 분쟁들을 잘 해결하는 선생님이 리더가 되고 다른 선생님들은 팔로워가 될 것이다.

이런 선생님들은 다른 선생님들의 부당한 명령을 따르지 않을 것이다. 각자 자신의 삶을 스스로 꾸려가는 주인의 삶을 살아가기 때문이다.

모든 사람은 평등하다. 존재만으로 가장 고귀한 가치가 있다. 하지만 더불어 살아가기 위해 어떤 역할을 할 때는 위계가 있어야 한다.

우리가 위계라는 말에 거부감을 갖는 것은, 폭력적인 위계를 많이 보아왔기 때문일 것이다.

하지만 우리는 아름다운 위계를 본 적이 있다. 가정을 이끌어가는 어머니를 생각해 보자.

어머니는 자녀를 사랑과 희생으로 돌보지 않던가?

가장 아름다운 지도자의 상이다.

막내 제수씨는 이러한 품성을 지닌 교장 선생님일 것이다. 우리는 상명하복이 아니더라도 절서가 아름답게 유지되는 세상을 꿈꾸어야 한다.

인간은 홀로 살아가면서도 더불어 살아갈 수 있다. 개성이 존중되면서도 함께 살아가는 아름다운 공동체 사회를 우리는 만들어 갈 수 있다.

가지 않은 길

사회가 개인들을 사회의 필요에 적응시키는 도상에 있다는 말을 들을 때, 그리고 개인의 행복과 동시에 희생은 그 스스로가 전체의 도구와 유용한 구성원으로 느끼는 데 있다는 말을 들을 때 모든 사람들은 이제 편안해 하는 것 같다.

〈아침놀〉

언제부턴가 '작은 것이 아름답다'는 말을 자주 듣게 되었다. 나는 그 말을 들을 때마다 강한 거부감이 들었다.

'그럼 큰 것은 아름답지 않다는 거야?' 그렇다. 큰 것이 그동안 얼마나 추한 모습을 보여 왔던가?

신의 이름으로 얼마나 많은 사람들의 희생을 강요

해 왔던가? 가문이라는 큰 것을 위해 얼마나 많은 여성들이 희생되어 왔던가?

민주화가 진행되며 한 개인, 소소한 일상이 소중하다는 생각을 하게 되었다. 하지만 이 생각의 이면에는 이 시대의 새로운 신, 자본(資本)의 명령이 있다.

우리가 살아가고 있는 이 시대는 자본주의(資本主義)다. 자본이 주(主)가 되어 있는 시대다.

'뭐니 뭐니 해도 머니'다. 이 자본 신(神)은 우리에게 무한정한 풍요를 가져다준다. "이 풍요로움을 다 누려!"

이 명령이 '작은 것이 아름답다'라는 이 시대의 아포리즘이 되어 우리 앞에 나타났던 것이다.

물론 이 아포리즘에는 오랜 인간의 꿈이 담겨 있다. 우리는 안다. 행복한 삶을 위해서는 큰 것이 그다지 필요 없다는 것을.

하지만 지금 우리가 살아가고 있는 자본주의 사회에서는 아무리 소소한 것도 돈이 있어야 한다.

그러다보니 우리의 소확행(소소하지만 확실한 행복)은 결국 새로운 소확행(소비가 확실한 행복)이 되어버렸다.

현대 철학의 아버지 니체는 다음과 같이 말한다.

'개인의 행복과 동시에 희생은 그 스스로가 전체의 도구와 유용한 구성원으로 느끼는 데 있다는 말을 들을 때 모든 사람들은 이제 편안해 하는 것 같다.'

큰 사회의 하나의 부품이 된 자신을 편안해 하는 인간, 얼마나 슬픈 일인가! 하지만 이 사회의 부품이 되지 않고서 어찌 이 시대를 살아갈 수 있는가?

그런데 인간은 아무리 자신의 '몸값'이 높아도 행복할 수가 없다. 높은 몸값에 우쭐해하다가도 더 높은 몸값들을 보면 주눅이 들게 된다.

또한 그 높은 몸값이 언제 바닥으로 굴러 떨어질지 몰라 항상 전전긍긍해야 한다. 몸값으로 존재하는 현대문명인은 늘 불안하다.

모든 인간관계가 몸값의 관계가 되어 모든 인간은 파편화된다. 먼지처럼 작아진 인간, 우리의 실체다.

인간은 '생각하는 존재'라 각자 하나의 세계다. 우리는 하나의 커다란 세계 속에서 살아가는 게 아니라 각자 자신의 세계 속에서 살아간다.

따라서 인간은 각자 가장 큰 존재가 되어야 한다. 가장 큰 존재가 될 때, 가장 작은 것도 아름답게 된다.

자신의 왕국에서 무엇이 아름답지 않으랴? 인간은 모두 왕과 신이 되어야 한다. 왕과 신이 되어 서로 연대하며 살아가야 한다.

삼라만상은 이미 그렇게 살아가고 있다. 천지사방을 둘러보면, 어느 것 하나 당당하게 살아가지 않는 것이 없다.

우리는 이제 가지 않은 길을 가야 한다. 오래 전에 이상 시인이 오감도에서 슬프게 노래한 '13인의 아해'에서 벗어나야 한다.

'13인의 아해가 도로로 질주하오.(길은 막다른 골목이 적당하오.)/-/13인의 아해는 무서운 아해와 무서워하는 아해와 그렇게 뿐이 모였소 (길은 뚫린 골목이라도 적당 하오)'

우리는 그동안 무조건 앞으로 질주했다. 막다른 골목이었다. 우리는 서로를 무서워하며 무서운 인간이 되어갔다.

이제 막다른 골목인 줄 알았던 골목이 뚫린 골목이라는 게 밝혀졌다. 하지만 우리가 이 골목에서 벗어날 수 있을까?

몸값

높은 급여를 통해서 그들의 비참한 삶이 본질적으로 극복될 수 있다고 믿는 것은 어리석다. 임금이 높아진다고 하여 그들이 당하고 있는 비인격적인 노예화는 지양되지 않는다.

아, 인격이 아니라 나사가 됨으로써 하나의 값을 갖게 되다니!

〈아침놀〉

TV 드라마 '클리닝 업'에서 서울대 학생인 아들이 청소부인 어머니에게 마구 쏘아 붙이고 있다.

"어머니는 제가 서울대에 가는 데 큰 역할을 하셨죠. 숙모님이 주신 돈을 다 날려버렸으니까요."

그 아들은 부유하게 살고 있는 숙모가 준 돈으로

미국의 아이비리그 대학에 유학을 가려했었다.

그런데 어머니가 그 돈을 평소에 친자매처럼 친하게 지내던 한 지인에게 빌려주었다가 떼이고 말았던 것이다.

그 아들은 머리가 좋았을 것이다. 그래서 공부를 잘했고, 계속 뭇 사람들의 칭찬을 받으며 자랐을 것이다.

그 아들은 항상 자신의 '몸값'을 생각했을 것이다. 미국의 명문대에서 학위를 따고 오면 몸값이 얼마일 거야!

그런데 어머니의 잘못으로 서울대를 가게 된 것이다. 몸값이 갑자기 낮아져 버렸을 것이다.

어머니의 단 한 번의 실수가 그의 한평생을 바꿔 버린 것이다. 앞으로 그와 어머니는 화해하기 힘들 것이다.

사람이 값으로 매겨지는 사회에서는 만인이 만인

의 적이 된다. 그 아들이 미국의 명문대를 나와 몸값이 일 년에 몇 십억이 된다고 한들 세상에 연봉이 더 많은 사람들이 얼마나 많은가?

또한 그 자리가 항상 위태롭지 않은가? 치받고 올라오는 후배들에게 항상 전전긍긍하며 살아가야 할 것이다.

인간의 마음은 크게 '의식'과 '무의식'으로 나눠진다. 의식의 중심에는 자아(ego)가 있고, 무의식 깊은 곳에는 전체 정신의 중심인 자기(self)가 있다.

우리의 학교 교육은 자아 중심의 교육이다. 단편적인 지식을 많이 습득한 자아는 입시에서 승승장구하게 된다.

하지만 인간의 마음은 의식보다 무의식이 훨씬 크다. 그 아들은 무의식까지 포함한 전체 정신의 중심인 자기를 깨어나게 하는 교육은 별로 받지 못했다.

자기는 시, 예술, 종교, 명상에 의해 깨어날 수 있

다. 자기가 깨어나야 이 세상의 비의를 온전히 알게 된다.

자기는 천지자연과 하나로 연결되어 있다. 자기가 깨어나면 자신의 삶이 영원과 하나로 연결되어 있는 경외감에 휩싸이게 된다.

이런 자기가 깨어나는 교육을 받았다면, 그 아들은 어머니를 원망했을까? 어머니와 아들은 원초적인 관계다.

깊은 무의식에서 어머니와 아들은 하나다. 아들의 의식은 어머니를 원망할 수 있겠지만, 그의 무의식은 어머니를 한없이 사랑한다.

아들의 분열된 정신은 그를 한평생 괴롭힐 것이다. 그는 막연한 불안을 떨쳐버리기 위해 항상 바쁘게 살아갈 것이다.

뭇 사람들의 칭송을 받으며 살아가는 아들의 내면은 늘 사막일 것이다. 그 사막에는 오아시스가 있는

데, 그가 찾아낼 수 있을까?

오아시스를 찾지 않고 그는 무사히 살아갈 수 있을까? 모든 지혜로운 사람들이 끝내 찾아내는 게 사랑이다.

사랑은 우리를 단번에 오아시스로 데려간다. 우리는 영원히 목마름을 가시게 해주는 물을 마실 수 있게 된다.

지금 얼마나 많은 젊은이들이 자신의 몸값에 시달리고 있을까? 백화점, 마트에 즐비한 상품들처럼 하나의 값이 되어버린 젊은 영혼들.

과감히 몸값을 내려놓고 앞을 보면 또 다른 길이 열리는데, 지식 교육만 받은 젊은이들이 그 길을 상상이나 할 수 있을까?

김춘수 시인은 그의 시 '꽃'에서 다음과 같이 노래한다.

'내가 그의 이름을 불러주기 전에는

그는 다만

하나의 몸짓에 지나지 않았다.

내가 그의 이름을 불러주었을 때

그는 나에게로 와서

꽃이 되었다.'

인간은 결코 몸값만으로는 만족할 수 없다.

'우리들은 모두

무엇이 되고 싶다.'

우리가 무엇이 되려면, 누군가가 우리를 불러주어야 한다. 그런데 누군가가 우리를 애타게 부르는데도, 아마 우리는 듣지 못할 것이다.

착한 일을 하지 말아라

도덕적 현상이란 존재하지 않고, 다만 현상들에 대한 도덕적 해석만이 존재한다.

〈선악의 피안〉

원효대사의 아들 설총이 원효대사를 찾아가 평생 지니고 살아야 할 좌우명을 부탁드렸다.

이에 원효대사는 아들을 물끄러미 바라보면서 한 마디 던졌다. "착한 일을 하지 말아라."

설총이 어리둥절하여 "그럼 악한 일을 하고 살라는 말씀입니까?"하고 되물었다. 이에 원효대사가 일갈하였다. "착한 일도 하지 말라 하였거늘 하물며 악한 일을 생각하느냐?"

우리는 착하게 사는 게 당연하다고 생각한다. 하지만 착하게 살게 되면, 마음 깊은 곳에 '어두운 그림자'가 생겨난다.

빛 속으로 들어가면 그만한 크기의 그림자가 생겨난다. 이와 같이 의식적으로 착한 생각을 하게 되면 그만한 크기의 악한 생각이 무의식에 생겨나는 것이다.

그러다 보면 차츰 선한 행동이 위선이 될 수가 있다. 이 위선이 심해지다 보면 자신도 모르게 자신 안의 그림자를 남에게 투사하게 된다.

남의 조그마한 약점에도 분노를 터뜨리게 된다. 이 투사가 커지게 되면 나중에는 걷잡을 수 없게 된다.

살인을 저지른 범인이 중얼거렸다고 한다. "내 안에 악마가 있는 것 같아요." 그는 알 수 없는 살인 충동에 휩싸여 자신을 제어할 수가 없었을 것이다.

그래서 원효대사는 아들 설총에게 "착하게 살지 말라"고 한 것이다. "그럼 악한 일을 하고 살라는 말씀이냐?"고 되묻는 설총이 우리네 보통 사람들의 마음일 것이다.

우리는 선과 악을 선명하게 나눈다. 사회질서를 유지하기 위해서는 선을 권장하고 악을 징계해야 하기 때문이다.

그래서 우리는 '착한 아이'가 되기 쉽다. 누구나 어릴 적에는 부모님에 의해 착한 아이로 훈육되기 때문이다.

그래서 착한 아이로 길러진 우리는 착하게 살면, 이승에서도 저승에서도 보상이 주어지리라는 믿음을 갖게 된다.

하지만 현실은 그렇지 않다. 니체는 말했다. "도덕적 현상이란 존재하지 않고, 다만 현상들에 대한 도덕적 해석만이 존재한다."

조금만 생각해 보면 '선(善)과 악(惡)은 선명하게 나눌 수 없다'는 것을 우리는 잘 알 수 있다. 도덕적 해석만이 선명한 것이다.

따라서 우리가 진정으로 착하게 살아가려면, 오른손으로 하는 선한 행동을 왼손이 모르게 할 수 있어야 한다.

선한 행동을 할 수 있는 내적인 힘을 니체는 '힘에의 의지'라고 말했다. 이것은 맹자가 말하는 '호연지기(浩然之氣)'와 같을 것이다.

우리는 생기(生氣)가 나고 신명(神明)이 나면, 자신이 가진 것을 남에게 마구 주게 된다.

이게 진정한 선행이다. 이때 우리는 아무런 대가도 바라지 않는다. 니체는 이런 선행이야말로 진정한 선이라고 말하는 것이다.

니체는 이런 힘에의 의지가 약화된 것을 악이라고 말한다. 인간은 누구나 천지자연의 강한 기운을 갖고 태어난다.

하지만 살아가면서 자꾸만 그 기운을 잃어간다. 이 기운이 약화되는 마음이 악(惡)이다.

'버금(亞)가는 마음(心)'이 되는 것이다. 타고난 본성(本性)을 잃어가는 것이다. 그래서 우리는 항상 힘에의 의지를 고양시켜가야 한다.

늘 마음을 살펴보고 중심을 잃지 않도록 노력해야 한다. 착하게 살고 싶은 마음도 중심을 잃어버린 마음이다.

우리는 마음이 어느 한쪽으로 기울어지지 않도록 항상 마음을 고요히 할 수 있어야 한다.

우리의 마음은 천지자연과 연결되어 있기에 우리가 마음을 고요하게만 하면, 천지자연의 기운이 우리의 흔들리는 마음을 바로잡아 준다.

화가 났을 때는 화난 마음을 고요히 응시해야 한다. '나 지금 화가 났어!' 이렇게 자신의 마음 상태를 알아차리고만 있으면, 그 화난 마음을 응시하는 마음(본성)이 깨어난다.

이 마음이 화난 마음을 가라앉게 해준다. 이것이 알아차림 명상법이다. 우리는 희로애락(喜怒哀樂)의 마음에 끌려가기 쉽다.

흔들리는 마음이 되면, 우리는 자신도 모르게 악한 행동을 하게 된다. 항상 마음 상태를 알아차려서 우리 안의 본성이 알아서 해결해 주기를 기다려야 한다.

이것을 기독교에서는 "하느님이 역사하신다"고 말한다. 하느님은 천지자연의 운행원리라고 말해도 좋을 것이다.

우리가 우리의 작은 마음에서 벗어나 내면의 본성, 천지자연의 소리를 들으며 살아갈 때 우리는 진정으로 착한 사람이 될 수 있을 것이다.

적과의 동침

도대체가 진정한 '적에 대한 사랑'이라는 것이 있을 수 있다면 그것은 이와 같은 고귀한 인간에게만 있을 수 있다. 고귀한 인간은 적에게 이미 얼마나 많은 존경을 품고 있는 것인지! 이러한 존경심은 바로 사랑에 이르는 가교이다.

〈도덕의 계보〉

가끔 가는 식당이 있다. 가성비가 좋다. 그런데 주인만 보면 기분이 가라앉는다. 그는 흡사 로봇처럼 말하고 행동한다.

'아니? 이렇게 맛있고 값싸게 하는 식당에서 왜 저러나?' 나는 그에 대해 많은 생각을 했다.

그러다 그가 인간에서 로봇으로 진화(?)한 이유를

알게 되었다. '진상 손님' 때문이었다.

그도 처음에는 진상 손님을 인간으로 대했을 것이다. 하지만 지쳐갔을 것이다. 그러다 차츰 그의 목소리가 기계음으로 변하고 행동도 기계처럼 작동하게 되었을 것이다.

계산을 하며 로봇 같은 그의 얼굴을 본다. 그의 딱딱한 얼굴에는 깊은 슬픔이 배어 있다.

우리는 살아가면서 수없이 경험했을 것이다. 적과의 동침이 얼마나 힘든 것인지를. 그래서 우리는 되도록 적을 보지 않고 살아가려고 한다.

그러다 보니 우리는 모두 모래알 같은 '홀로'가 되어 버렸다. 서로 만나면 버석거리는 모래알들.

깔깔거리며 웃고 떠들어도 도무지 하나의 마음이 되지 않는다. 돌아오면 허전한 만남들.

우리는 자꾸만 외로워진다. 인간은 타고나기를 사회적 존재라 홀로가 되면 당연히 사는 게 힘들어진다.

그럼 어떻게 하면 다시 우리는 더불어 함께 살아갈 수 있을까? 니체의 조언대로 적에 대한 존경심을 가져야 한다.

인간은 자라면서 남에게 의존한다. 아기는 자신을 돌보는 사람이 없으면 죽는다. 그 과정에서 아기는 선악(善惡)에 대한 개념이 생겨난다.

나에게 좋으면 선, 나쁘면 악. 그런데 사실은 선악이 뚜렷이 구분되지 않는다. 감기에 걸리게 하는 온갖 바이러스들은 나쁜가?

인간은 그들을 통해 면역력이 생겨 강한 몸이 되어 간다. 그렇지 않으면 쉽게 질병에 걸려 죽게 된다.

적은 우리를 강하게 한다. 인간은 자라면서 이 이치를 몸으로 배워가야 한다. 언제라도 적이 나타나면 그와 더불어 잘 살아갈 수 있어야 한다.

이런 인간이 성숙한 인간이다. 하지만 이렇게 되기까지는 혹독한 수련 기간이 필요하다.

이 수련 기간을 버티지 못하고 우리는 갑각류로 퇴화한다. 딱딱한 껍데기를 뒤집어쓰고 여린 속살을 보호하는 것이다.

그러다 드디어 로봇으로 진화하는 것이다. 인간은 동물에서 인간으로 진화하면서 공감의 능력으로 찬란한 문명을 이루었다.

하지만 이제 인간은 이 공감의 능력이 버거운 것이다. 인간과 좀비의 차이는 이 공감의 능력이다.

감정이 아예 사라진 인간, 좀비. 우리는 점점 좀비가 되어가고 있다. 하지만 우리가 언제까지 좀비로 살아갈 수 있을까?

우리 안의 감정이 우리를 그냥 두지 않는다. 늘 잠자리가 뒤숭숭하고, 사는 게 공허하다.

우리가 잘 살아가려면 인간을 사랑해야 한다. 사

랑은 추상적인 인류가 아니라 구체적인 한 인간을 사랑하는 것이다.

우리는 싸우면서 커야 한다. 적을 미워하고 사랑하며... 드디어 적을 존경할 수 있을 때까지.

네가 극복한 것들만을 말하라

사람은 잠자코 있어서는 안 될 경우에만 말해야 한다. 그리고 자기가 극복해 온 것들만을 말해야 한다. 그 밖의 말은 모두 요설이다. 경박함에 지나지 않는다.

〈인간적인, 너무나 인간적인〉

누구에게나 세뇌가 가능하다고 한다. 계속 같은 말을 듣게 하면 그 사람은 조만간 그 말들이 자신의 생각인 듯이 착각하게 된다고 한다.

오래 전에 공부 잘하는 대학생들 대상으로 인문학을 강의한 적이 있다. 나의 대학 시절을 떠올리며 기대감에 가슴이 부풀어 올랐었다.

그때는 취직이 잘 될 때라 지금처럼 취직 준비에

목을 매지 않았다. 그래서 캠퍼스에는 낭만이 있었다.

막걸리 잔을 기울이며 "나는 도대체 누구인가? 어떻게 사는 게 가치 있는 삶인가?" 이런 질문을 하고 대답을 하던 시절이었다.

그런데 나는 경악했다. 소위 명문대에 다닌다는 학생들이 로봇 같았다. 나는 소리쳤다.

"아니? 너희들 논술도 잘하고 책도 많이 읽었다며? 그런데 너희들 생각하나 말을 못해?"

'지식위주의 공부가 이렇게 무섭구나!' 아이들은 파편적인 지식들에 세뇌가 되어버린 것이다.

지식 위주의 공부를 많이 하게 되면, 자신이 지식과 교양이 풍부하다는 착각을 하게 된다.

자극이 주어지면 즉각 반응하는 쥐나 개처럼, 지식을 많이 갖고 있으면 어떤 상황이 주어졌을 때 거기에 적합한 말을 술술 읊게 된다.

그래서 온갖 지식이 범람하는 현대문명사회에서 정신분열증 환자가 이리도 많은 것이다.

서로 상충하는 지식들을 아무렇지도 않게 진지하게 말하다 보니까, 많은 사람들이 정신분열증에 걸리게 되는 것이다.

언어철학자 루트비히 비트겐슈타인은 말했다. "내 언어의 한계가 내 세계의 한계다. 말할 수 없는 것은 침묵하라!"

그는 언어가 구체적으로 지칭하는 것들은 말할 수 있다고 했다. 예를 들면 나무라는 말은 구체적인 나무를 지칭하니까 말해도 된다.

하지만 신, 사랑 같은 것은 말하지 말아야 한다. 그 말에는 구체적으로 대응하는 것들이 없다.

이런 말할 수 없는 것들을 마구 말하게 되면, 그것들이 구체적으로 실재하고 있는 것 같은 착각이 일어난다.

자신이 폭력을 쓰면서도 사랑을 베풀고 있다는 착각을 하게 된다. 자신이 신을 잘 알고 있는 것 같은 착각을 하게 된다.

이런 착각을 오래 하다 보면, 망상에 젖게 된다. 헛것들이 실재로 보이고 그 헛것들과 대화도 하게 된다.

니체는 백여 년 전에 우리에게 경고했었다. “자기가 극복해 온 것들만을 말해야 한다.”

우리가 니체의 글을 읽으면 가슴이 뛰는 이유는 그가 자신이 극복한 것들만을 말했기 때문일 것이다.

그래서 그는 온전한 자신의 세계 속에서 살다 갔다. 그는 겉으로는 불행한 삶을 살았지만, 죽음을 반겨 맞이할 만큼 최고의 삶을 살다갔다.

나는 30대 중반에 위기가 왔다. 마음속으로 차라리 중병에 걸려 큰 병원에 입원했으면 했다.

자신으로 살지 않은 삶의 대가는 너무나 가혹했

다. 나로 살지 않으니 내 안에서 삶의 샘물이 솟아나오지 않았던 것이다.

세상이 내게 수없이 속삭인 언어로 살다보니 나는 어느새 꼭두각시가 되어있었던 것이다.

사는 게 심드렁해지며 우울감이 오고 권태가 오고 드디어 나는 타나토스(죽음의 본능)에 사로 잡히게 되었던 것이다.

나는 살기 위해 나의 언어를 찾아 긴 방랑길에 들어섰다. 다른 사람이 하는 말을 따라하는 앵무새에서 벗어나는데 수십 년이 걸렸다.

'네가 극복한 것들만을 말하라!' 니체가 나의 스승이었다. 밖에서 들려오는 소리에 귀를 막자, 내면에서 니체의 소리가 들려오기 시작했다.

그의 말을 따라 삶의 샘물이 솟아 올라오기 시작했다. 며칠 동안 잠을 제대로 자지 않아도 온몸에 생기가 돌았다.

인간의 문명은 언어로 지어진 거대한 집이다. 현대의 대표적인 소설가 호르헤 루이스 보르헤스는 이 세상을 도서관으로 비유했다.

우리는 자신의 언어로 지은 집에서 살아야 한다. 자신의 언어로 말하며 살아가야 한다. 살아있음의 환희가 온몸을 가득 채우게 될 것이다.

5부

프라이버시

예술의

본질적인 점은

존재를 완성한다는 사실이다.

프라이버시

예술의 본질적인 점은 존재를 완성한다는 사실이다. 그것은 완전성과 충실을 산출한다. 예술은 본질적으로 존재의 긍정이고 축복이며 존재를 신성하게 하는 것이다.

〈힘에의 의지〉

오래 전 시골에 살 때였다. 한 도예가의 집에 놀러가게 되었다. 그림 그리는 사람들, 풍물 치는 사람들이 이미 와 있었다.

술잔을 기울이며 함께 어우러졌다. 노래판이 벌어지고, 밤이 이슥하도록 우리의 술판은 끝날 줄을 몰랐다.

여기저기 널브러져 자다가 해가 중천에 떠서야 깨

어났다. 이웃집 아저씨가 찾아왔다.

'헉! 얼마나 시끄러웠을까? 화가 나서 찾아왔나 보다!' 다들 긴장했다. 그 아저씨는 우리에게 말했다.

"어젯밤 하도 시끄러워 왔었어요. 그런데 너무나 신나게 노는 모습들을 보니 나도 모르게 한참 동안이나 구경하다 갔어요."

참으로 경이로운 경험이었다. 이웃집의 '소음'이 좋은 구경거리였다니! 가끔 이와 비슷한 경험들을 전해들을 때가 있다.

작가, 예술가들의 술판이었다. 소음과 음악은 한 끗 차이일 것이다. '어떤 사람들한테서 나오는 소리인가?'

나는 어릴 적 시골에서 자라 마을 잔치를 많이 보았다. 술에 얼근하게 취한 얼굴들이 보기 좋았다.

어머니께서도 장구를 치며 춤을 추셨다. 아프지 않은 엄마, 힘겨운 노동에서 해방된 엄마의 모습.

이제 시골에도 이런 잔치판들이 사라지고 없는 것 같다. 사람은 혼자이면서 동시에 '여럿이 함께'의 존재다.

모래알처럼 흩어져 각자 살아가는 현대인들. 소음을 피해 진공 속으로 들어가려 한다.

그러면 마음이 편안한가? '프라이버시'라는 게 진정 있는 걸까? 미국의 총기 난사 사건들, 우리나라의 묻지마 범행들은 왜 일어나는 걸까?

그들은 프라이버시를 견딜 수 없었을 것이다. 자신도 모르게 자신의 껍질을 벗고 거리로 뛰쳐나갔을 것이다.

"같이 죽자(살자)!" 그들은 이렇게 소리쳤을 것이다. 절망에 빠진 인간은 죽음을 향해 돌진한다.

죽음이야말로 한달음에 세상과 하나가 될 수 있으니까. "왜 혼자 죽지... 같이 죽자고 해?"

이런 질문은 아직 덜 외로워서 하는 것이다. 산길

을 가다 노인들의 눈과 마주칠 때가 있다.

그러다 말은 걸 때가 있다. 그러면 그들은 한참 동안이나 자신들 얘기를 쏟아낸다. "나도 한때 왕년에…… ."

젊은이들은 푸념을 한다. "지하철을 타면 노인들이 쳐다봐요. 어찌나 아래위를 훑어보는지 민망해요."

노인들은 그들에게 다가가고 싶은 것이다. 그들 안에는 '사랑을 갈구하는 아기'가 살고 있는 것이다.

개인으로 잘 살아가는 듯이 보이는 젊은이들은 노인이 되면 어떻게 될까? 프라이버시를 존중하면서 서로에게 다가갈 수 있을까?

오래 전에 '월드컵'에서 우리는 한순간에 하나가 되는 기적을 체험했다. 그때 우리는 얼마나 황홀했던가?

우리는 깊은 내면에서 올라오는 뜨거운 마음으로

하나가 되어야 한다. 자신이 살고 있는 마을에서, 일하는 직장에서, 동호회에서 공동체를 만들어가야 한다.

그런 모임들이 모여 건전한 시민사회를 이뤄가야 한다. '홀로와 함께' 살아가는 사회야말로, 인간의 향과 빛을 내뿜는다.

우리 사회는 유난히 프라이버시를 강조한다. 그래서 우리 사회는 늘 비상 상황에 처하게 된다.

함민복 시인은 '섬'을 보며, 섬처럼 서로 떨어져 살아가는 인간 세상을 본다. '울타리가 가장 낮다/울타리가 모두 길이다'

물 울타리를 사방에 쳐놓고 각자 자신들 속으로 웅크려 들어가 살아가고 있는 사람들.

하지만 그는 생각한다. 물 울타리는 가장 낮은 게 아닌가? 어디로든 갈 수 있는 길이 아닌가?

예술이 인류를 구원하리라

예술, 나아가 예술 이외의 아무것도 없다! 예술은 삶을 가능하게 하는 위대한 형성자요, 삶으로 이끄는 위대한 유혹자요, 삶의 위대한 자극제이다. 예술은 진리보다도 더한층 가치가 있다.

〈힘에의 의지〉

장자는 말했다. "여희는 남자들이 모두 아름답다고 하지만, 물고기는 보자마자 물속 깊이 들어가 숨는다."

지금도 모든 남자들이 여희를 '경국지색(傾國之色), 나라를 기울게 할 만큼 미모가 뛰어난 여자'로 생각할까?

그렇지 않을 것이다. 미남, 미녀에 대한 생각은 시대마다 달라져 왔다. 미(美), 아름다움에 대한 기준은 상대적인 것이다.

과거에는 외적인 아름다움을 추구하는 게 예술이었다. 하지만 현대에는 많은 사람들이 숭고미(崇高美)를 추구한다.

숭고미란 '초월적인 것을 동경하고 위대한 정신을 고양하는 데서 오는 아름다움'이다.

니체가 말하는 '도취의 미학'이다. 취하는 것이다. 그는 말한다. "예술은 삶으로 이끄는 위대한 유혹자요, 삶의 위대한 자극제이다."

'취중진정발(醉中眞情發)'이라고 한다. 사람은 '술에 취하면 속마음이 나타난다'는 것이다.

우리 주변에도 술만 마시면 개가 되는 사람이 있지 않은가? 그래서 우리는 니체의 도취의 미학을 잘못 받아들이면 위험할 수 있다.

우리가 취하면 자아를 넘어서 무의식의 상태에 들어간다. 무의식에는 천지자연과 연결되는 영혼(자기 自己, self)이 있다.

이 영혼이 깨어나야 우리는 천지자연과 하나가 되어 숭고해진다. 이 영혼을 깨우지 못한 도취들은 아름답지 않을 수 있다.

우리의 무의식에는 살아오면서 형성된 온갖 숨기고 싶은 마음이 가득 숨어 있기 때문이다.

이 숨기고 싶은 마음이 드러나면 사람은 개가 되고 악마가 될 수 있다. 그래서 우리는 부단히 노력해야 한다.

독일의 대문호 괴테는 말했다. "노력하는 자는 구원을 받는 것이다." 노력하지 않고 취하기만 하다보면 인간실격이 되어 버린다.

술은 인류가 발명한 가장 고귀한 음식이라고 한다. 술은 '물과 불의 합일'이기 때문이다. 술을 마시면 물인 술이 차츰 불이 되어간다.

천지자연은 불과 불의 만남으로 운행된다. 우리는 술을 마시며 천지자연과 하나가 되어가는 것이다.

상징주의 시인의 거장 샤를 보들레르는 그의 산문시 '취하시오'에서 다음과 같이 노래했다.

'늘 취해 있어야 한다. 시간의 구박받는 노예가 되지 않으려면 취하라. 노상 취해 있으라! 술에건, 시에건, 미덕에건, 당신 뜻대로.'

인간에게 가장 가혹한 것은, '시간의 구박받는 노예'일 것이다. 이 노예를 벗어나기 위해 우리는 도취하는 것이다.

도취가 니체가 말하는 힘에의 의지를 고양할 수 있게 하려면, 우리는 취해있으면서도 깨어 있어야 한다.

술에 취한 상태에서도 자신의 마음을 고요히 들여다 볼 수 있어야 한다. 그때 우리는 '자신 안의 온갖 더러운 나와 위대한 나'를 동시에 볼 수 있게 될 것이다.

자주 고요히 들여다보면, 우물의 더러운 물이 시간이 흐르면서 차츰 맑아지듯이 마음도 맑아진다.

위대한 나가 깨어나며 마음이 투명하게 맑아진다. 이 마음으로 살아가게 되면 인간은 누구나 아름다운 삶을 살아갈 수 있을 것이다.

그래서 니체는 "예술은 진리보다도 더한층 가치가 있다"고 말했을 것이다. 진선미(眞善美)는 미에 의해 하나로 통합될 수 있는 것이다.

하나는 전체요 전체는 하나다

개인이라는 존재는 홀로 아무것도 아니다. 원자도 아니고, '사슬의 고리'도 아니며, 단순히 기존의 것을 물려받은 자도 아니다. 이제껏 대중과 철학자가 이해했던 개인은 정말 하나의 오류에 불과하다.

〈우상의 황혼〉

출판 계약서를 부치려 우체국에 갔다. 담당 직원이 컴퓨터 자판을 치다가 내게 조심스레 묻는다. "받는 사람 주소가 없다고 나오는데요."

"네? 출판사인데 주소가 없을 리가 있나요?" 직원은 주소를 잘못 적었을 거라고 말했다.

나는 워낙 악필이라 글씨를 쓸 때는 항상 아내에

게 부탁한다. '아내가 잘못 쓴 걸까?'

나는 당황하여 말했다. "주소는 봉투를 열어봐야 알 수 있는데요." 그러자 직원이 컷트 칼을 주며 말했다.

"컷트 칼로 조심해서 뜯으시면 돼요. 나중에 제가 스카치테이프로 잘 붙여드릴게요."

봉투를 열어 계약서 주소를 보자 '오! 숫자 하나를 잘못 적었다.' 9를 4로 적은 것이다.

나는 그 직원의 친절에 고개가 절로 숙여졌다. 고개를 깊이 숙이며 말했다. "감사합니다."

직원은 "네. 안녕히 가세요." 웃음으로 화답했다. 돌아서 나오는데 우체국 실내가 향기로 가득 차오르는 듯했다.

니체의 '개인이라는 존재는 홀로 아무것도 아니다.'는 말이 떠올랐다. 행복은 사람 사이에 피어나는 꽃이다.

직업은 영어로 calling, vocation이다. 이들의 어원에는 부르다(call), 목소리(voice)가 들어있다.

직업은 신의 말씀으로 주어지는 소명이라는 것이다. 이때의 신은 천지자연의 근본 원리로 이해해도 될 것이다.

우리가 각자의 직업에 충실할 때, 천지자연은 잘 운행될 수 있고 개인은 천지자연과 하나가 되는 삶을 살아갈 수 있는 것이다.

누구나 좋은 세상을 원한다. 그러려면 우선 자신의 직업에 성심(誠心)을 다해야 할 것이다.

우리는 아비규환의 세상을 살다 보면, 자조하게 된다. '더러운 세상!' '나 하나 쯤이야!'

자신을 먼지 하나로 만들어버린다. 우리는 나 하나의 힘을 알아야 한다. 우체국 직원의 따뜻한 친절이 일파만파 퍼져가며 온 우주를 감동시킬 것이다.

이것은 과학적 사실이다. 한 개인은 '원자도 아니

고 하나가 빠져도 아무 문제없는 사슬의 고리'가 아니다.

천지자연은 양자물리학에서 말하는 하나의 에너지장이다. 요가에서 말하는 인드라망이다. 하나가 웃으면 전체가 웃고 하나가 울면 전체가 운다.

한 인간의 행위는 '나비효과'를 일으킨다. 북경에 있는 나비의 가냘픈 날갯짓이 작은 바람을 일으키며 하늘로 올라가 마침 지나가던 기류를 만나 서울에 와서는 태풍이 될 수 있는 것이다.

노자는 '무기인(無棄人)'이라고 했다. '사람을 버리지 말라'는 것이다. 한 사람을 버리게 되면 온 우주를 버리게 되는 것이 된다.

결국엔 자신도 버려지게 된다. 자신하나 살리는 것, 자신의 직업에 성심을 다하는 것이 천지자연의 공사가 되는 것이다.

인간은 생각하는 동물이라 '나'라는 생각을 한다.

그러다 보면 나라는 게 홀로 어떤 실체로 존재한다는 착각을 하게 된다.

이 세상은 '일즉다 다즉일 중중무진(一卽多 多卽一 重重無盡)'이다. 거울이 서로 마주 보며 무궁무진하게 서로를 비추듯이, 하나와 전체가 하나로 어우러지는 신묘한 세상이다.

우리는 자신을 버리고 남도 버려, 하나의 티끌이 되어버렸다. 티끌들은 외로움과 권태에 진저리를 치게 된다.

우울증에 걸려 신음하다 타나토스(죽음의 본능)에 빠져 서서히 죽어가게 된다. 우리는 우선 자신을 구해야 한다. 자신의 맡은 바 책무에 최선을 다해야 한다.

니체는 말했다. "나의 주인은 나지만, 나만이 주인인 것은 아니다. 세계의 주인도 나지만, 나만이 주인인 것은 아니다."

사랑과 전쟁

그대는 계속해서 그대 자신을 육성할 뿐 아니라 위로 뻗어 오르게 해야 한다! 그러기 위해 결혼이라는 정원이 그대에게 도움이 되기를!

〈차라투스트라는 이렇게 말했다〉

어제 밤에 부부 공부모임이 있었다. 다른 공부모임에서 부부 공부모임에 대해 얘기를 하면 회원들이 "아직 부부 공부모임 하세요?"하고 질문을 한다.

부부가 함께 공부를 하면 대개 부부의 갈등이 표출되며 몇 년 가지 못하고 깨진다고 한다.

그런데 우리 부부 공부모임은 벌써 7년째 접어들고 있다. 갈등이 표출되기도 하지만, 서로의 이해를

높여가는 기회가 되고 있는 듯하다.

어제 부부 공부모임에서는 영화 '더 리더- 책 읽어주는 남자'가 주제였다. 10대의 소년 마이클과 30대 여성 한나의 불꽃같은 사랑 이야기.

한나는 깊은 상처를 안고 살아간다. 그녀는 2차 대전이 끝나갈 무렵에 아우슈비츠 수용소에서 나치 친위대 감시원으로 근무한 적이 있다.

한나는 마이클을 만날 때마다 책을 읽어 달라고 한다. 문맹인 한나는 책을 통해 자신과 세상을 더 깊이 알고 싶었을 것이다.

그들의 불꽃처럼 피어오르는 사랑. 하지만 한나는 생각한다. 자신들의 사랑은 미래가 없다고.

그래서 마이클을 꼬마라고 부른다. 마이클은 이 말을 거부하지 않는다. 무의식중에 한나에게 '성숙한 남자'가 되기를 거부했을 것이다.

이것을 아는 한나는 마이클을 떠난다. 그녀가 전

범 재판을 받으면서 법학과 대학생이었던 마이클이 참관하게 된다.

그녀는 사랑하는 마이클에게 문맹이라는 것을 들키지 않으려 죄를 혼자 뒤집어쓰고 무기징역에 처해진다.

20여년의 세월이 흐른 후, 한나는 가석방으로 출소하게 되지만 마이클의 도움을 거부하고 자살하게 된다.

그녀는 마이클과의 순수한 사랑을 지키고 싶었을 것이다. 하지만 마이클은? 한나가 면회 온 마이클의 손을 잡자 그는 슬며시 손을 빼낸다.

이런 말이 있다. '남자는 자신을 알아주는 사람을 위해 목숨을 바치고, 여자는 자신을 사랑해주는 남자를 위해 목숨을 바친다.'

이런 말은 분명히 봉건적이다. 가부장적이다. 하지만 수천 년이라는 긴 시간에 형성된 가부장적이고 봉건적인 사고가, 우리의 무의식에 마음의 원형이 되어 깊이 각인되어 있지 않을까?

이러한 남녀 사랑의 원형이 가장 잘 드러나는 게, 경극 패왕별희(霸王別姬)의 소재가 되었던 '항우와 우희의 슬픈 사랑 이야기'일 것이다.

천하를 통일한 진시황이 죽은 후, 천하는 다시 전쟁의 소용돌이에 휩싸이게 된다.

난세 속에서 두 걸출한 영웅이 등장한다.

항우와 유방, 항우는 유방과의 전투에서 연전연승하지만, 끝내 유방에게 지고 만다.

마지막 결전을 앞두고 항우는 사랑하는 여인 우희와 술잔을 나눈다. 항우가 노래를 부른다.

'힘은 산을 뽑고 기개는 세상을 덮었으나/시운이 불리하여 추도 나아가려 하지 않는구나/추마저 나아가지 않으니 어찌할 것인가?/우희여! 우희여! 그대를 어찌하면 좋은가?'

우희는 '대왕의 의기가 다하였다면/천첩이 살아서 무엇하리요'하고 화답을 하고는 자살했다고 한다.

그 후 항우도 오강에서 자살하고 만다. 천하의 영웅 항우는 사랑하는 우희를 두고 죽을 수는 없었던 것이다.

그래서 우희는 사랑하는 항우를 위해 자살하는 것이다. 이 경극이 계속 공연되고 인구(人口)에 회자되는 것은, 이 사랑 이야기에 남녀 마음의 원형이 있기 때문일 것이다.

세상밖에 모르는 남자와 사랑밖에 모르는 여자, 이 둘의 차이와 반복이 사랑과 전쟁의 파노라마를 만들어낼 것이다.

여자는 사랑을 모르는 남자에게 격분한다. 남자는 자신의 자존심을 긁는 여자에게 격분한다.

그런데 결혼한 부부들은 알아야 한다. 서로의 고유한 영역을 침해하지 말아야 한다는 것을.

각자의 영역을 인정해주고 오로지 자신의 정신적 성숙을 위해 절차탁마(切磋琢磨)해야 한다.

남녀는 둘이 만나 완전해지는 것이 아니다. 남녀는 각자 온전한 인간이 되어가는 긴 여정의 동반자가 되어야 하는 것이다.

인생의 목적인 자기실현의 여정에서 '결혼이라는 정원'이 서로에게 도움이 되어야 하는 것이다.

이 긴 여정을 위해 우리는 서로의 깊은 내면에 가부장적인 시대의 남녀상이 있다는 것을 알아야 한다.

세상밖에 모르는 남자와 사랑밖에 모르는 여자가 서로 세상과 사랑을 가르쳐주고 배우며, 각자 온전한 인간이 되어가며 커다란 하나가 되어가야 한다.

잃어버린 본성을 찾아서

타인을 위하고 더 나아가 오직 타인을 위한 행위만을 도덕적이라고 한다면 도덕적인 행위는 존재하지 않는다!

〈아침놀〉

어제 공부모임에서 한 회원이 며칠 전에 자신이 겪었던 부끄러운 경험을 이야기했다.

그녀는 백화점에서 식료품들을 사 가지고 집으로 왔는데, 확인해보니 계산하지 않는 것들도 있더란다.

'어떡하나? 행운인가?' 마음속에서 갈등이 일어나더란다. 선뜻 백화점에 전화하지 않은 자신이 부끄러웠다고 한다.

그런데 잠시 후 백화점에서 전화가 왔단다. '아

그래요?' 모르는 척 전화를 받았다고 한다.

이런 상황에서는 누구나 부끄러움을 느낄 것이다. 인간에게는 타고난 본성(本性) 속에 인의예지(仁義禮智)가 있으니까.

우리에게는 '의(義), 옳음'을 배우지 않아도, 자신의 잘못을 부끄러워하고 타인의 잘못을 미워하는 마음, 수오지심(羞惡之心)이 있는 것이다.

하지만 이 부끄러움을 아는 마음을 소중하게 간직하려면, 선한 행동을 하려고 하지 말아야 한다.

한 회원이 사례를 들었다. 자신은 운전을 할 때, 상대방 운전자가 잘못을 해도 항상 너그럽게 대했다고 한다.

그러다 자신이 사소한 잘못을 한 적이 있는데, 상대방은 가차 없이 보상을 요구하더란다.

그런 일을 겪다보니 자신도 악해지더란다. 그렇다. 선행이 선한 사람을 보증하지 않는다.

백화점에서 잘못 계산한 것을 알았을 때, 백화점에 전화한다고 해서 선한 사람이 되는 것은 아니다.

우리는 항상 타고난 본성을 깨워가야 한다. 본성을 잃지 않도록, 매순간 자신의 마음을 알아차려야 한다.

고대 중국의 경전 중용(中庸)에는 '천명지위성(天命之謂性)'이라는 말이 나온다. 하늘(天, 神)의 명령이 곧 우리의 본성이라는 것이다.

우리가 본성의 소리에 따라 살아가면, 우리는 하늘의 뜻에 맞는 삶을 살아갈 수 있다는 것이다.

이어서 중용은 말한다. '솔성지위도 수도지위교 率性之謂道 修道之謂教' 본성을 따르는 것이 우리가 가야 할 길(道)이고, 이 도를 닦는 것이 교(教)라는 것이다.

결국 가르치고 배우는 것은 우리의 본성을 깨워 본성의 소리에 따라 살아가는 힘을 기르는 것이다.

본성이 깨어 있는 사람은 본성의 소리를 거역할 수 없기에, 어떤 상황에서도 선한 행동을 하게 된다.

자신도 모르게 그렇게 행동을 하게 되는 것이다. 불교에서 말하는 무주상보시(無住相布施)다.

도와 준다는 생각을 하고 남을 도와주게 되면 은연중에 보상을 바라게 된다. 보상이 오지 않으면 마음속에 분노가 쌓이고 결국에는 그 분노가 자신과 남을 해치게 된다.

'적선(積善)'이라는 말이 있다. 선을 쌓는다는 뜻인데, 흔히 남을 도와주는 행위를 말할 때 쓴다.

진정으로 선을 쌓으려면, 본성을 깨우는 공부를 게을리 하지 말아야 한다. 본성을 깨우는 일을 게을리 하게 되면, 자신도 모르게 선한 행동을 하려고 한다.

그렇게 하면 마음도 편하고 남의 인정도 받게 되니까. 하지만 그런 선행은 자신의 무의식에 어두운 그림자가 생기게 한다.

어두운 그림자는 서서히 자신의 마음을 병들게 하고, 남에게 투사되어 남을 비난하고 해치게 된다.

우리는 인생의 목적을 확실히 해야 한다. 인생의 목적은 자기실현(自己實現)이다. 본성의 꽃을 활짝 피어가는 삶이다.

호랑이를 사냥하는 사냥꾼은 호랑이를 발견했을 때, 오로지 온 마음을 호랑이에게만 집중할 것이다.

모기가 와서 물어도, 옆에 지나가는 토끼를 보아도, 조금도 마음에 흐트러짐이 없어야 할 것이다.

우리는 이 사냥꾼의 마음으로 한평생을 살아가야 한다. '선행'이라는 유혹에 빠지지 않도록 항상 조심해야 한다.

카르페 디엠

모든 것은 부서지고 모든 것은 새로 결합된다. 존재의 동일한 집은 영원히 재건된다. 모든 것은 헤어지고 다시 서로 만난다. 존재의 원환은 영원히 자신에게 충실하게 회전한다. 매 순간에 존재는 시작된다. (...) 중심은 도처에 있다.

〈차라투스트라는 이렇게 말했다〉

불교의 경전 '잡비유경(雜譬喩經)에 나오는 이야기다.

고타미라는 여인이 거의 실성한 채로 자신의 죽은 아들을 안고 사람마다 붙들고 아이를 살릴 방법이 없는지를 물었다.

사람들은 석가모니에게 찾아가면 살릴 방도가 있

을지 모른다고 대답했다. 여인은 죽은 아이를 안고 석가모니에게 달려갔다.

여인이 죽은 아이를 살려달라며 절규하자 석가모니가 말했다. "여인이여, 아이를 살려줄 테니 한 번도 장례를 치르지 않은 집에 가서 겨자씨를 구해오라."

여인은 마을로 달려갔다. 여인은 마을의 모든 집을 샅샅이 찾아다녔다. 흔한 겨자씨는 쉽게 얻을 수 있었지만, 장례를 한 번도 치르지 않은 집은 찾을 수가 없었다.

여인은 점차 깨달았다. 여인은 겨자씨를 구하려는 집요한 마음을 멈추고, 며칠을 안고 뛰어다니던 죽은 아들을 땅에 묻은 후 기원정사로 돌아가 석가 앞에 무릎을 꿇었다.

여인은 깨달았던 것이다. '사람은 다 죽는구나!' 태어나면 모든 생명체는 죽어야 하는 가혹한 운명,

그 처절한 '천지자연의 섭리'를 깨닫게 되었던 것이다.

불교의 가르침은 천지자연의 섭리를 깨달아 그 섭리에 맞게 살아가라는 것이다. 이런 경지에 오른 사람을 부처라고 한다.

우리가 천지자연의 섭리를 잘 모르고 살아가게 되는 것은, '자신의 생각'에 빠져서 살아가기 때문이다.

인간은 자신을 아는 '자의식(自意識)'이 있어, 자신을 중심에 놓고 자신과 세상을 바라보기 때문이다.

'나 중심'으로 삶과 죽음을 바라보면, 자신과 아들이 죽는 게 얼마나 고통스러운 일인가!

그래서 불교에서는 '나는 없다'는 것을 밝혀내어 '나 중심의 사고'를 해체하려고 한다.

무아(無我)를 깨달아 자신이 천지자연 그 자체라는 것을 깨닫게 하는 것이다. 영화 '인터스텔라'에는 서로 다른 시간 속에서 살아가던 사람들이 만나는 장

면이 나온다.

대재앙으로 사람이 더 이상 지구에서 살아갈 수 없는 미래, '인류 이주 프로젝트'를 위해 우주선을 타고 갔던 아버지가 지구로 돌아오자 딸은 할머니가 되어 있었다.

시간은 자신이 어디에 있느냐에 따라 다르게 흐른다. 20세기 최고의 과학자 알베르트 아인슈타인의 상대성 이론이다. 객관적인 '현재'라는 시간은 없다.

시간이 직선으로 흐른다고 생각하는 것은 착각이다. 나 중심의 사고가 만들어낸 망상이다.

나 중심의 사고를 벗어나 세상을 바라보면, 이 세상은 과거, 현재, 미래가 함께 존재한다.

우리가 흔히 쓰는 말, '카르페 디엠'은 고대 로마의 시인 호라티우스의 시의 한 구절이라고 한다.

이 말은 '현재를 잡아라' 혹은 '현재를 즐겨라'라는 뜻으로 쓰이고 있다. 그런데 현재가 있나?

있다. 과거, 현재, 미래가 함께 존재하는 '이 순간'이다. 이 순간에 완전히 몰입하게 되면, 우리는 느낀다.

시간이 사라진 깊은 평온, 황홀한 이 순간을 잡고 이 순간을 즐기라는 게 카르페 디엠이다.

우리가 이 세상을 고요히 바라보면, '모든 것은 부서지고 모든 것은 새로 결합하고 존재의 동일한 집은 영원히 재건되고 모든 것은 헤어지고 다시 서로 만나는 것'이 보인다.

삼라만상의 실상이다. 이러한 실제의 세상을 알게 되면, 우리는 나 중심을 벗어나 '큰 나'로 세상을 바라보며 살아가게 된다.

'지금 여기'에 온 마음을 다하는 삶을 살아가게 된다. 찰나가 영원한 현재가 되는 삶이다.

이것을 니체는 "존재의 원환은 영원히 자신에게 충실하게 회전한다. 매 순간에 존재는 시작된다. (...)

중심은 도처에 있다."고 말한다.

니체의 '영원회귀 사상'이다. 영원회귀 사상은 카르페 디엠이 된다. 니체는 다음과 같이 말했다.

"중요한 것은 영원히 생생하게 존재하는 것이다. 영원히 길게 산다는 것은 물론이고 일반적으로 단순히 살고 있다는 것은 중요하지 않다!"

니체와 함께 춤을

1판1쇄 2023년 9월 8일

저자 고석근
발행인 이경화

발행처 디자인21
주소 04560 서울특별시 중구 퇴계로 293-1 3층
전화 02-2269-6561(대)
팩스 02-2269-6568
e-mail 21publish@naver.com

등록번호 제1-1128호
등록일자 1991.2.12

ISBN 978-89-6131-121-2 03810

정가 15,000원

https://21publish.co.kr
https://blog.naver.com/publish21